S'EXPATRIER EN ESPAGNE

Le guide complet 2024

Vivre, étudier, travailler, entreprendre, investir : plus aucun secret pour vous !

© Coline Marques Ferreira - 2024 - texte et couverture

"Le Code de la propriété intellectuelle et artistique n'autorisant, aux termes des alinéas 2 et 3 de l'article L.122-5, d'une part, que les « copies ou reproductions strictement réservées à l'usage privé du copiste et non destinées à une utilisation collective » et, d'autre part, que les analyses et les courtes citations dans un but d'exemple et d'illustration, « toute représentation ou reproduction intégrale, ou partielle, faite sans le consentement de l'auteur ou de ses ayants droit ou ayants cause, est illicite » (alinéa 1er de l'article L. 122-4). Cette représentation ou reproduction, par quelque procédé que ce soit, constituerait donc une contrefaçon sanctionnée par les articles L. 335-2 et suivants du Code de la propriété intellectuelle."

ISBN 9798335341189

INTRODUCTION

Bienvenue dans votre guide complet d'expatrié en Espagne !

Vous êtes ressortissant de l'Union européenne, plus particulièrement Français, et vous vous demandez : « À quoi faut-il penser pour s'installer efficacement en Espagne en tant que citoyen français ? » ? Ne perdez plus de temps à chercher des réponses à vos questions sur des centaines de sites Internet. Toutes les informations dont vous avez besoin sont regroupées dans ce guide.

Que vous souhaitiez vivre, étudier, travailler, entreprendre ou investir sur le territoire espagnol, cet *ouvrage complet* vous fournira toutes les informations essentielles dont vous devez tenir compte pour réussir votre projet.

Débuter une nouvelle vie à l'étranger soulève toujours de nombreux questionnements et est même considéré comme un parcours du combattant par la plupart des expatriés. Comme nous le savons tous, la complexité des formalités administratives constitue un frein majeur au rêve d'expatriation des individus. Et surtout pour ceux qui ont la phobie de la paperasse.

Étant moi-même expatriée, passionnée de voyage et d'organisation, j'ai eu l'opportunité de vivre cette aventure enrichissante dans le pays de Cervantes. Après être parvenue à relever ce défi, je souhaite partager avec vous quelques précieux conseils que j'aurais aimé connaître à mon arrivée.

Lors de mes recherches, j'ai pu constater que les mêmes interrogations revenaient continuellement sur les forums et les groupes d'expatriés sur les réseaux sociaux. Cela a démontré l'intérêt d'un guide complet et accessible pour faciliter l'installation en Espagne.

Ainsi, je me suis appuyée sur mon expérience personnelle et sur celle de nombreux expatriés dont j'ai fait la connaissance. Leur difficulté à comprendre les démarches administratives m'a grandement inspirée pour créer ce guide.

Constituant un *passage obligatoire* pour tous les expatriés, cet ouvrage d'expatriation en Espagne a été réalisé dans le but de vous simplifier la vie et de vous apporter toutes les connaissances indispensables à la réussite de votre installation. Concrètement, ce guide est une synthèse de tout ce que vous devez savoir en tant qu'expatrié français (ou même de l'UE, les démarches étant sensiblement identiques) en Espagne.

Il fournit une assistance complète dans tous les domaines, qu'il s'agisse de questions administratives, fiscales, juridiques, ou d'autres thématiques liées à votre déménagement. Concrètement, il vous aidera à naviguer à travers les différents processus et à comprendre les exigences spécifiques de chaque situation en abordant tous les aspects de la vie en Espagne. Chaque partie est indépendante afin que vous puissiez vous référer à la partie qui vous concerne.

La *simplicité* est le maître mot de ce guide. L'objectif a été de rendre les démarches complexes aussi simples que possible afin que tout le monde puisse les comprendre en une seule lecture. En lisant ce guide, vous éviterez les confusions et les erreurs coûteuses.

L'ensemble des informations citées provient de *sources fiables et officielles* telles que l'Ambassade de France en Espagne, l'EURES, l'Organisation de Coopération et de Développement Économiques (OCDE), le Ministère espagnol du Travail et de l'Économie Sociale, le Ministère espagnol des Affaires Étrangères, de l'Union européenne et de la Coopération, le Service Public espagnol de l'Emploi (SEPE), l'Agence pour l'Enseignement Français à l'Étranger (AEFE), la Caisse des Français à l'Étranger (CFE), le Centre des Liaisons Européennes et Internationales de Sécurité Sociale (CLEISS), l'Institut espagnol du Commerce Extérieur (ICEX), le Sénat, la Direction Générale espagnole de la circulation (DGT), l'Institut National espagnol de la Statistique (INE), et bien d'autres.

En bref, l'objectif est avant tout de donner aux futurs expatriés les clés leur permettant de réussir leur immersion en Espagne. **Quelle que soit votre situation, ce guide est fait pour vous.**

Vivre en Espagne est **l'objectif** d'un grand nombre d'expatriés du monde entier. Que vous soyez **attiré** par les plages de sable fin, les villes cosmopolites ou les charmants villages pittoresques, l'Espagne propose une large variété de paysages. Chaque région bénéficiant de son propre charme, l'Espagne a tout pour plaire. Avec ses fêtes traditionnelles animées, sa gastronomie réputée et son atmosphère détendue, habiter en Espagne représente une **expérience enrichissante** sur tous les points et surtout inoubliable.

A) Les conditions de vie en Espagne

Avec son histoire passionnante, son climat ensoleillé et sa culture dynamique, le pays de Cervantes attire des millions de visiteurs et résidents internationaux. Niché au cœur de l'Europe, le pays offre aux expatriés français des **conditions de vie enviables**.

1. Présentation de l'Espagne

L'Espagne est un pays souverain, membre de l'Union européenne, de l'Organisation des Nations unies et de l'Organisation de Coopération et de Développement Économiques (OCDE). Considéré comme État social et démocratique de droit, le gouvernement est une monarchie dite parlementaire constitutionnelle. Felipe IV, chef de l'État et Pedro Sanchez, chef du gouvernement sont les deux principaux dirigeants du Royaume.

Sa superficie de **plus de 500 000 km2** fait de lui le deuxième plus grand pays d'Europe occidentale, après la France. Situé dans le Sud-Ouest de l'Europe encerclé par la mer Méditerranée à l'Est et par l'océan Atlantique à l'Ouest, le territoire propose une grande diversité de paysages passant des montagnes pittoresques aux somptueuses plages de la Méditerranée. Multilingue, avec l'espagnol comme langue officielle, aussi appelé castillan, le pays hispanophone possède également des langues régionales telles que le valencien, le catalan, le galicien et le basque.

L'Espagne se décompose en dix-sept régions autonomes ainsi que deux villes autonomes (voir ci-contre). Chacune d'entre elle possède ses propres particularités géographiques et culturelles, comme la région de Valence, la Catalogne, la Galice, l'Aragon, l'Andalousie et bien d'autres. En 2023, la péninsule ibérique comptait plus de 48 millions d'habitants, dont 3,3 millions d'habitants à Madrid, la capitale du pays. La densité moyenne de la population équivaut à près de 94 habitants par kilomètre carré d'après l'Institut National des Statistiques.

I. Vivre en Espagne

A) Les conditions de vie en Espagne — 3
1. Présentation de l'Espagne — 3
2. Le climat et la qualité de vie — 4
3. Le coût de la vie — 6
4. Le système de santé — 11
5. Les transports et les déplacements — 12
6. La sécurité et les mesures de précaution à prendre — 13

B) Les démarches à accomplir pour s'installer en Espagne — 14
1. L'obtention du Numéro d'Identification d'Étranger (NIE) — 14
2. La recherche d'un logement — 17
3. L'inscription au Padrón Municipal — 20
4. L'affiliation au système de santé — 21
5. La souscription à diverses assurances — 22
6. Les moyens de communication — 23
7. L'ouverture d'un compte bancaire — 25
8. L'immatriculation du véhicule et la conversion du permis de conduire — 27

C) Les 10 points essentiels à retenir pour vivre en Espagne — 32

Figure 1 : La carte de l'Espagne

Source : **Acheter en Espagne, Huertas, Oviedo & Associes, 2023**

2. Le climat et la qualité de vie

Grâce à son climat agréable et à sa position géographique favorable, le Royaume d'Espagne bénéficie d'importantes heures d'ensoleillement et permet donc à ses habitants de rester actifs jusqu'à tard le soir. Par ailleurs, à l'exception de quelques régions, les températures chutent rarement en dessous de 0°C, y compris durant l'hiver.

Avec plus de 320 jours de soleil par an, le climat du pays se divise tout de même en trois grands types selon les régions : le climat méditerranéen, le climat continental et le climat océanique.

La majorité du territoire espagnol bénéficie d'un climat méditerranéen. Cela signifie que les températures moyennes sont élevées tout au long de l'année et les précipitations sont relativement faibles, voire extrêmement rares en période estivale. En effet, l'été est considéré comme très chaud et sec et les hivers sont doux. Ce climat affecte le **Sud de la péninsule** tel que les régions de l'Andalousie et de l'Estrémadure, ainsi que les **régions littorales de la Méditerranée** comme la Communauté valencienne. Il n'est donc pas exagéré de dire que ces régions ne connaissent pas l'hiver. Ces régions ensoleillées tout au long de l'année sont des destinations idéales pour le tourisme balnéaire. Il convient de noter que d'innombrables résidences secondaires sont situées dans ces zones grâce à la qualité de vie offerte par les villes de la Méditerranée.

Quant au climat continental, ce dernier se trouve principalement au sein de l'**Espagne intérieure**, autrement dit dans les régions de Castille-et-León, d'Aragon et de Castille-La Manche. Le centre de l'Espagne connaît des hivers très froids avec un taux d'humidité élevé et des chutes de neige fréquentes. Cela s'explique par les importantes masses d'air provenant de la mer Méditerranée et de l'océan Atlantique. Ces zones d'Espagne subissent un été aussi sec que chaud. En plus de connaître des intempéries rarissimes, l'air humide de l'Atlantique ne parvient pas à atteindre le centre du pays. Cette partie de l'Espagne subit l'air sec et brûlant émanant du continent africain. Le dicton castillan suivant caractérise bien ce climat dit continental : « *neuf mois d'hiver et trois mois d'enfer* ». Bien que la longueur de l'hiver soit décrite ici de manière exagérée par la population locale, le principe des longs hivers et des étés extrêmement chauds est clair.

L'Espagne océanique se compose des régions du **Nord** et du **Nord-Ouest** du Royaume : Pays basque, Galice, Cantabrie, Navarre et Asturies. D'un point de vue climatique, ces régions sont incomparables au reste de la péninsule. Effectivement, cette partie du territoire est nommée « **l'Espagne Verte** » et ceci pour de multiples raisons. Les précipitations sont abondantes, surtout au cours de l'automne, et les températures restent faibles. Les températures extrêmes sont inexistantes, qu'elles soient chaudes ou froides, le thermomètre reste assez stable tout au long de l'année.

La qualité de vie en Espagne varie considérablement selon la région dans laquelle vous souhaitez vous établir. Madrid la capitale et la grande ville de Barcelone proposent une **vie urbaine dynamique** ainsi qu'un large panel de loisirs et d'activités culturelles. Les zones côtières telles que la Costa del Sol et la Costa Blanca, proposent un **cadre de vie décontracté** et un esprit de vacances en continu. Ces régions séduisent, chaque année, un nombre considérable de voyageurs, qu'ils soient espagnols ou étrangers.

En bref, l'Espagne est considérée comme une destination où il fait bon vivre grâce à son climat favorable, sa qualité de vie propice au bien-être et au développement personnel, et son riche patrimoine culturel. Toutefois, il faut garder en tête que la situation économique diffère considérablement en fonction de la région que vous choisissez. Par conséquent, il est capital d'effectuer des recherches concernant les spécificités de la région où vous envisagez de déménager avant de sauter le pas.

3. Le coût de la vie

Souvent réputée comme moins chère, l'Espagne est une **destination très privilégiée** par les citoyens de l'Union européenne, notamment les Français, en quête d'un nouveau départ. Pour de nombreux expatriés, le coût de la vie dans le pays est un **critère considérable**. Si vous envisagez de vous installer à long terme en Espagne, connaître le coût de la vie vous permettra de planifier votre budget, de prendre des décisions réfléchies et de vous adapter rapidement à votre nouveau cadre de vie. Les prix de l'alimentation, du logement, du transport et des services peuvent grandement varier d'un pays à l'autre. De ce fait, comprendre les tendances générales vous aidera à mieux évaluer votre pouvoir d'achat et à tirer le meilleur parti de votre expérience en Espagne.

En moyenne, le coût de la vie en Espagne est 19 % inférieur à celui de la France en 2024 selon le site Combien Coûte.

Pour vous donner une idée plus précise, nous avons séparé les coûts en différentes catégories de la vie quotidienne : restauration, alimentation, transport, logement, loisir et hôtel. L'ensemble des chiffres provient du site Combien Coûte.

RESTAURATION	Prix moyen en Espagne	Prix moyen en France	Différence
Repas au restaurant	13 €	15 €	13 % de moins
Diner 3 plats	25 €	30 €	16 % en moins
Menu fast-food	9 €	10 €	10 % de moins
Café	1,9 €	3,08 €	37 % de moins
Soda	2,1 €	2,81 €	27 % de moins
Bière locale (0,5L)	3 €	6 €	50 % de moins
Bière étrangère (0,33 L)	1,7 €	2,77 €	38 % de moins
Eau	1,5 €	1,96 €	21 % de moins

Globalement, le coût de la catégorie Restauration en Espagne revient en moyenne à 26 % moins cher qu'en France.

ALIMENTATION	Prix moyen en Espagne	Prix moyen en France	Différence
Poulet (1kg)	7,1 €	12,77 €	44 % de moins
Bœuf (1kg)	13,5 €	18,87 €	28 % de moins
Riz (1kg)	1,4 €	2,22 €	39 % de moins
Pain (500g)	1,3 €	1,8 €	27 % de moins
12 Œufs	2,5 €	3,8 €	33 % de moins
Lait (L)	1 €	1,15 €	9 % de moins
Fromage (1kg)	12,1 €	17,34 €	30 % de moins
Tomates (1kg)	2,2 €	3,33 €	33 % de moins
Pommes de terre (1kg)	1,5 €	2,05 €	26 % de moins
Salade	1,1 €	1,36 €	21 % de moins
Oranges (1kg)	1,7 €	2,92 €	40 % de moins
Pommes (1kg)	2 €	2,78 €	27 % de moins
Vin (bouteille)	5 €	7 €	28 % de moins
Bière locale (0,5L)	1,1 €	2,18 €	51 % de moins
Eau (1,5L)	0,7 €	0,7 €	=

Ici encore, le coût de la vie de la catégorie Alimentation en Espagne est moins cher qu'en France (-29 % en moyenne) selon Combien Coûte. Les supermarchés espagnols et les marchés locaux proposent une variété d'options à des prix abordables.

TRANSPORT	Prix moyen en Espagne	Prix moyen en France	Différence
Essence (L)	1,6 €	1,81 €	11 % de moins
Ticket de bus	1,5 €	1,8 €	16 % de moins
Abonnement bus (par mois)	30 €	65 €	53 % de moins
Taxi (1km)	1,2 €	1,82 €	33 % de moins
Taxi (prise en charge)	3,5 €	3 €	17 % de plus
Taxi (1h d'attente)	23 €	27 €	16 % de moins
Location de voiture (24h)	41 €	19 €	116 % de plus

En moyenne, le coût de la vie de la catégorie Transport en Espagne est sensiblement identique à celui de la France.

LOGEMENT	Prix moyen en Espagne	Prix moyen en France	Différence
Charges par mois (électricité, eau...)	135 €	184 €	26 % de moins
Abonnement ADSL	32 €	30 €	6 % de plus
Forfait téléphone mobile (par mois)	18 €	26 €	30 % de moins
Salle de sport	40 €	33 €	19 % de plus
Voiture neuve	33 365 €	32 395 €	3 % de plus
Salaire moyen	1 765 €	2 657 €	33 % de moins
Crèche privée (par mois)	427 €	688 €	38 % de moins
École primaire privée	8 171 €	10 081 €	18 % de moins
Studio centre-ville (par mois)	956 €	767 €	25 % de plus
Studio banlieue (par mois)	722 €	600 €	21 % de plus
Appartement centre (par mois)	1 547 €	1 416 €	10 % de plus
Appartement banlieue (par mois)	1079 €	1 139 €	5 % de moins
Achat centre (m^2)	3 617 €	5 766 €	37 % de moins
Achat banlieue (m^2)	2 097 €	3 891 €	46 % de moins

En moyenne, le coût de la vie de la catégorie Logement en Espagne est de 9 % moins cher qu'en France.

SERVICES	Prix moyen en Espagne	Prix moyen en France	Différence
Cigarettes (1 paquet)	5,4 €	11 €	51 % de moins
Jeans Levis	75 €	88 €	15 % de moins
Robe d'été	31 €	38 €	18 % de moins
Chaussures de sport	78 €	91 €	15 % de moins
Chaussures en cuir	91 €	119 €	24 % de moins
Cinéma (1 place)	8 €	12 €	33 % de moins
Tennis (1h)	13,2 €	15,89 €	16 % de moins

En moyenne, le coût de la vie de la catégorie Services en Espagne revient à 24 % moins cher qu'en France.

HÔTEL (1 nuit)	Prix moyen en Espagne	Prix moyen en France	Différence
Hôtel 1 étoile	104 €	107 €	2 % de moins
Hôtel 2 étoiles	103 €	107 €	3 % de moins
Hôtel 3 étoiles	120 €	136 €	11 % de moins
Hôtel 4 étoiles	137 €	191 €	28 % de moins
Hôtel 5 étoiles	200 €	465 €	56 % de moins
Auberge	105 €	118 €	11 % de moins
Chambre avec cuisine	139 €	159 €	12 % de moins
Hôtel avec piscine	139 €	192 €	27 % de moins
Maison d'hôte	121 €	143 €	15 % de moins
Chambre familiale	203 €	250 €	18 % de moins

En moyenne, le coût de la vie de la catégorie Hôtel en Espagne est de 18 % moins cher qu'en France.

En bref, **le coût de la vie en Espagne est généralement beaucoup plus bas qu'en France**. Il s'agit d'une aubaine pour les citoyens français qui envisagent de s'expatrier vers ce pays ensoleillé. Cependant, gardez à l'esprit que les prix peuvent varier considérablement entre les régions autonomes et les villes. De plus, ces comparaisons générales ne tiennent pas compte des différences de revenus et de modes de vie. Pour obtenir une idée plus précise des dépenses quotidiennes à prévoir, nous vous conseillons d'effectuer des recherches approfondies sur les coûts de la région où vous prévoyez de déménager.

Si vous le souhaitez, vous pouvez retrouver des informations sur le coût de la vie ville par ville en Espagne sur le site Combien Coûte : https://www.combien-coute.net/cout-de-la-vie/Espagne/. Des données chiffrées concernant les pays proches sont également disponibles.

À savoir que l'inflation peut aussi jouer un **rôle considérable** sur le coût de la vie. Il s'agit d'un indicateur très important à prendre en compte lors de votre expatriation. Depuis plusieurs années, la hausse brutale des prix de nombreux produits a eu un impact conséquent sur le budget des foyers les plus modestes en Espagne. Toutefois, le Royaume a la chance d'occuper le haut du classement des pays de l'Union européenne avec un taux d'inflation qui reste **faible** en 2023.

En effet, les pays avec les taux d'inflation annuels les plus bas sont le Luxembourg (2,7 %), la Belgique (3,3 %), l'Espagne (3,8 %) et Chypre (3,9 %). Quant à la France, elle arrive à la onzième position avec un taux annuel d'inflation qui s'élève à 6,9 % en avril 2023. Cette différence de 3,1 points de pourcentage entre l'Espagne et la France est une opportunité intéressante pour les citoyens français qui souhaitent déménager.

À l'inverse, la Hongrie (24,5 %), la Lettonie (15 %) et la République tchèque (14,3 %) sont les pays les plus touchés par l'inflation.

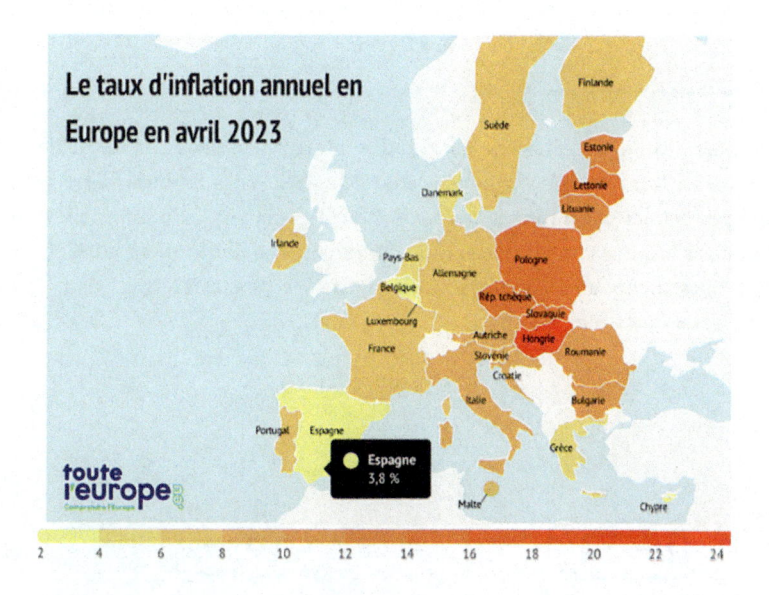

Figure 2 : Le taux d'inflation annuel en Europe en avril 2023

Source : Toute L'Europe.eu, Le taux d'inflation en Europe, 2023

4. Le système de santé

Globalement, le système de santé espagnol est réputé pour son **accessibilité**, sa **qualité** et son **professionnalisme**. Que vous soyez un résident permanent ou temporaire en Espagne, vous pouvez vous attendre à recevoir des soins de santé complets et efficaces.

L'Espagne offre un système de santé public et universel nommé *Sistema Nacional de Salud* (SNS). Le régime est financé par les cotisations de sécurité sociale et géré par les communautés autonomes. Celui-ci garantit l'accès aux soins de santé à tous les résidents espagnols et aux ressortissants de l'Union européenne munis de leur Carte Européenne d'Assurance Maladie (CEAM). Le système comprend des hôpitaux publics, des centres de santé primaires ainsi que des services spécialisés.

L'Espagne bénéficie d'un réseau hospitalier **moderne** et **développé** qui couvre l'ensemble du territoire. Les soins fournis sont de haute qualité et des traitements médicaux avancés sont disponibles dans les grands centres urbains.

> D'après l'EURES, plus de 90 % des individus utilisent le système public pour se soigner.

L'Espagne compte également un grand nombre de compagnies médicales privées. Les assurances privées les plus connues sont **Mapfre, Asisa, Adeslas et Sanitas**. Ces sociétés privées permettent un accès plus rapide aux spécialistes. En effet, elles disposent de leurs propres cabinets de consultation, cliniques et laboratoires. Elles fournissent également à leurs clients une liste de médecins et de spécialistes exerçant dans le privé et dont les honoraires sont remboursés.

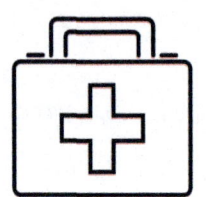

Attention, contrairement à la France, il ne s'agit pas d'une complémentaire santé, mais bel et bien d'un système de santé parallèle au système public.

En cas de besoin, vous trouverez ici une liste des médecins francophones présents sur le territoire espagnol : https://es.ambafrance.org/Sante-et-medecins-francophones.

CONTACTS UTILES :

Numéro d'appel d'urgence : 112
Pompiers : 080
Samu : 061
Médecin d'urgence : 1003
Police nationale : 091
Garde civile : 062
Police municipale : 092
Sauvetage en mer : 900 202 202
Pharmacie de garde : 098
Pour tous les accidents de la circulation survenus sur l'ensemble du territoire espagnol (hors Catalogne) : +34 917 42 12 13.

5. Les transports et les déplacements

L'Espagne dispose d'un réseau de transport **développé** et offre de **nombreuses options** pour se déplacer dans le pays : transports en commun, réseau ferroviaire, réseau routier, voies aériennes et voies maritimes.

Dans les grandes villes espagnoles, vous pouvez compter sur un réseau avancé de transports en commun qui permet aux voyageurs, aux locaux et aux expatriés d'atteindre rapidement et facilement n'importe quelle destination. Les bus, les métros et les tramways proposent une excellente couverture du territoire pour les déplacements quotidiens du matin au soir, et même durant une partie de la nuit.

L'Espagne profite également d'un réseau ferroviaire étendu et efficace pour voyager. La compagnie nationale RENFE exploite des trains à grande vitesse (*Alta Velocidad Española – AVE*) reliant les principales villes d'Espagne et permettant des déplacements rapides et confortables d'une région à l'autre. Des trains régionaux et de banlieue sont aussi présents sur le territoire. Le réseau de chemin de fer espagnol est considéré comme l'un des moins chers d'Europe.

Si vous préférez voyager en voiture, l'Espagne propose un vaste réseau d'autoroutes et de routes nationales faisant de lui le plus long de l'Union européenne et le troisième du monde. Par ailleurs, de nombreuses autoroutes ont été ouvertes au cours de la dernière décennie et sont beaucoup moins chères qu'en France. La plupart sont même gratuites. La location de voiture est une pratique très courante en Espagne et est relativement bon marché. Cependant, vous devez avoir 21 ans ou plus pour louer une voiture. Quant aux taxis, ils représentent aussi un moyen de transport largement utilisé sur l'ensemble du territoire. Bien que les tarifs ne soient pas très différents des autres pays européens, ces derniers peuvent légèrement varier en fonction de la ville et de la compagnie.

Pour les voyages internationaux, l'Espagne bénéficie également de 36 aéroports internationaux bien desservis. Les principaux aéroports sont Adolfo Suárez Madrid Barajas à Madrid, suivi du Prat à Barcelone. D'autres aéroports importants sont aussi présents dans les grandes villes du pays : Alicante, Valence, Séville, Saragosse, Malaga et Palma de Majorque. L'ensemble de ces aéroports offre des liaisons vers de multiples destinations aux quatre coins du monde.

L'Espagne profite aussi d'un important réseau de ports qui facilite le commerce, les voyages en ferry et les croisières. Les principaux ports espagnols sont situés à Barcelone, Alicante, Malaga, Algésiras, Bilbao et Las Palmas. Ils permettent des liaisons maritimes avec d'autres pays européens, africains et américains. Les ports espagnols abritent de nombreuses compagnies internationales de croisières proposant une variété d'itinéraires, permettant aux locaux et aux voyageurs d'explorer les villes côtières et les îles espagnoles, ainsi que d'autres destinations en Méditerranée et en Europe.

6. La sécurité et les mesures de précaution à prendre

L'Espagne est généralement considérée comme l'un des pays les plus sûrs d'Europe pour voyager et séjourner. Le taux de criminalité est relativement faible et il est peu probable que les expatriés soient confrontés à de graves problèmes de sécurité. Cependant, comme dans tout pays, il est important d'être conscient de votre environnement et de prendre des précautions de sécurité. Les vols à la tire peuvent être un problème dans les zones touristiques très fréquentées, il est donc conseillé de faire attention à vos affaires. Transporter le moins d'argent liquide possible, esquiver les zones isolées et également être prudent dans les transports en commun ainsi que les centres commerciaux sont de **bons moyens** pour éviter tout ennui. De plus, connaître les lois et les coutumes locales peut vous éviter bien nombre de malentendus inutiles.

B) Les démarches à accomplir pour s'installer en Espagne

Si vous envisagez de déménager en Espagne, vous devez accomplir plusieurs démarches pour mener à bien votre installation. Les citoyens français qui bénéficient de la libre circulation au sein de l'Union européenne sont dispensés de l'obligation de visa. Vous l'avez sans doute compris, cela simplifie grandement les démarches que vous devez effectuer en tant qu'expatrié.

Cependant, un **bon nombre de formalités** reste encore à réaliser afin de pouvoir vous installer sur le territoire en toute tranquillité. Parmi elles, l'obtention d'un NIE, la recherche d'un logement, l'inscription au *Padrón Municipal*, l'adhésion au système de santé, la souscription aux assurances obligatoires mais également les moyens de communication, l'ouverture d'un compte bancaire, l'immatriculation d'un véhicule et la conversion du permis de conduire.

> 1 > 2 > 3 > 4 > 5 > 6 > 7 > 8

1. L'obtention du Numéro d'Identification d'Étranger (NIE)

Le Numéro d'Identification d'Étranger (NIE) est un numéro personnel, unique et exclusif, que l'administration espagnole attribue aux étrangers qui possèdent des intérêts économiques, professionnels ou sociaux avec l'Espagne.

L'obtention d'un NIE (*Número de Identificación de Extranjero*) représente donc une étape indispensable pour les ressortissants français qui s'installent en Espagne. Ce numéro est nécessaire pour être reconnu comme **résident étranger** et pouvoir effectuer toutes les opérations de la vie quotidienne sur le territoire telles que : étudier, travailler, obtenir un numéro d'affiliation à la sécurité sociale, ouvrir un compte en banque, inscrire ses enfants à l'école, contracter un forfait de téléphone/électricité/eau/internet, homologuer ses diplômes, acheter ou vendre un bien, obtenir un prêt, constituer une société, déclarer ses impôts, immatriculer son véhicule, et bien d'autres.

Autrement dit, le NIE est la formalité la plus importante de votre expatriation en Espagne. Il est considéré comme le **SÉSAME** à avoir lorsque l'on vit sur le territoire espagnol. Ce numéro ne fait pas office de pièce d'identité mais sans ce dernier vous ne pourrez rien faire dans le pays, pas même réceptionner un colis.

Plus précisément, il s'agit d'une suite de neuf caractères : la lettre X ou Y, suivie de sept chiffres puis d'une autre lettre. Une fois obtenu, ce numéro est valable à vie pour l'ensemble de vos opérations en Espagne.

Bien que le NIE ne soit pas obligatoire pour les enfants âgés de moins de 14 ans, nous vous recommandons tout de même de le demander. Certaines administrations vous le réclameront. C'est notamment le cas de la sécurité sociale espagnole. **Sans NIE, vos enfants ne pourront pas bénéficier du système de santé public.**

Ce numéro s'obtient automatiquement lors de l'inscription au Registre des Étrangers, mais il peut aussi faire l'objet d'une demande distincte. Ainsi, vous pouvez effectuer la demande en France avant votre départ pour tout séjour inférieur à trois mois, ou alors à votre arrivée en Espagne pour un séjour d'une durée supérieure à trois mois. En France, vous devez vous rendre au **consulat** le plus proche de votre lieu de résidence. En Espagne, vous pouvez faire la demande au **commissariat de police** duquel vous dépendez.

À savoir que depuis la pandémie de la Covid-19, les délais d'obtention du NIE sont rallongés, en particulier dans les grandes villes. De ce fait, armez-vous de patience et ne réalisez pas votre demande à la dernière minute, prévoyez plutôt un certain délai.

Pour obtenir ce précieux numéro, voici les **étapes clés à respecter** :

Étape 1 : La prise de rendez-vous. Si votre séjour en Espagne est inférieur à trois mois, vous devez vous rapprocher du Consulat d'Espagne compétent. La liste des Consulats espagnols présents sur le territoire français est consultable ici :
https://www.exteriores.gob.es/Embajadas/paris/fr/Embajada/Paginas/Consulados.aspx

Dans le cas où votre séjour excéderait trois mois, vous devez prendre rendez-vous dans un Bureau des Étrangers (*Oficina de Extranjería*) ou dans un commissariat de police (*Comisaria de Policia*) lors de votre arrivée sur le territoire. Vous trouverez la liste ici :
https://www.policia.es/es/dependencias_localizador_accesible.php#liextranjeria

Étape 2 : La préparation des documents requis. En tant que citoyen de l'UE, vous aurez besoin des documents suivants lors du rendez-vous :

- L'original de votre carte d'identité en cours de validité et une copie recto-verso, ou alors l'original de votre passeport en cours de validité et la copie de la page des données biographiques,
- Un justificatif de domicile de moins de trois mois,
- Le **formulaire EX-15** rempli et signé par la personne concernée ou par son représentant (voir annexes 1.1 à 1.4),
- Le **formulaire 790-012** à remplir directement en ligne : https://sede.policia.gob.es/Tasa790_012/ImpresoRellenar,
- La preuve de votre motif de résidence en Espagne (contrat de travail, contrat académique, contrat de location, preuve de fonds suffisants etc.),
- Le justificatif de paiement des frais (9,84 euros en 2024),
- Pour les mineurs : copie du livret de famille, de l'acte de naissance, des cartes d'identité ou des passeports des parents, ou de l'attestation de tutelle et les papiers d'identité de la personne exerçant la tutelle.

Pour faciliter la constitution de votre dossier, il est recommandé de photocopier les documents sur une seule face. Le recto-verso n'est généralement pas autorisé.

Étape 3 : La présentation de la demande. Le jour J est arrivé. Présentez-vous à l'entretien avec l'ensemble des documents nécessaires. Assurez-vous également d'avoir les copies de tous les documents originaux.

À noter que le dossier de demande doit être déposé par le demandeur en personne ou par son représentant sur procuration exclusivement établie et apostillée par un notaire. Si la demande concerne un mineur, ce dernier devra être accompagné de ses deux parents (ou du tuteur).

Étape 4 : Le traitement de la demande. Une fois votre demande effectuée, elle sera examinée par les autorités compétentes. La durée de traitement peut varier selon divers facteurs. En règle générale, elle est estimée à deux ou trois semaines.

À savoir, le NIE n'est pas traité et attribué directement par le Consulat. Le dossier est transféré au Commissariat général des étrangers et des frontières, rattaché à la Direction Générale de la Police espagnole.

Étape 5 : Le retrait du NIE. Si votre demande est acceptée, vous recevrez le certificat d'enregistrement avec votre numéro de NIE. Ce document est généralement remis en PDF à l'adresse électronique préalablement renseignée dans le formulaire de demande. Veillez à conserver une copie de cette attestation car elle vous sera régulièrement demandée pour diverses démarches administratives en Espagne.

Bon à savoir :

- Le NIE n'a **plus de durée de validité**. Si vous avez reçu un NIE mentionnant expressément « *Este certificado tiene una validez de tres meses* » ou si une administration espagnole vous demande de le renouveler, veuillez contacter le service NIE par courriel électronique.
- Le NIE vous permet d'effectuer de multiples démarches auprès des autorités espagnoles, mais **ne sert pas de justificatif de résidence** en Espagne.

Veuillez également noter que les procédures et les documents demandés peuvent varier selon l'endroit où vous vivez en France ou en Espagne. Pour obtenir des informations précises et à jour sur les procédures à suivre, nous vous recommandons de contacter le consulat espagnol de votre ville ou les autorités compétentes en matière d'immigration.

2. La recherche d'un logement

Lorsqu'un citoyen français décide de s'expatrier en Espagne, l'une de ses priorités est de trouver un logement adapté à ses besoins mais également à son budget. Que vous envisagiez de vous installer dans une ville dynamique telle que Madrid et Barcelone ou dans une charmante ville côtière comme Valence, la recherche d'un logement est une étape essentielle à votre installation. Déménager dans un nouvel environnement peut représenter de multiples défis, mais avec une bonne préparation et une connaissance des procédures espagnoles, vous pouvez rapidement trouver le logement idéal.

Globalement, lors de son installation sur le territoire espagnol, l'expatrié a deux solutions qui s'offrent à lui : **la location ou l'achat d'un bien immobilier**.

Si vous souhaitez louer un logement sur le territoire espagnol, voici la démarche à suivre :

- **La définition de vos critères** : Avant de commencer votre recherche, il est essentiel de prendre le temps de lister l'ensemble de vos critères. Pour cela, réfléchissez au type de logement souhaité (maison, appartement, studio, chambre, résidence étudiante...), à la taille du logement, à l'emplacement géographique, aux commodités dont vous avez besoin et à tout ce qui est important pour vous. Établissez également un budget maximum à ne pas dépasser. L'ensemble de vos réponses vous aidera à affiner votre recherche et à trouver un logement qui répond à vos besoins, sans perdre de temps sur des offres alléchantes qui ne vous correspondent pas.

- **La recherche du logement idéal** : La recherche dure généralement 1 à 3 semaines. L'idée est de découvrir les différents quartiers qui pourraient vous intéresser et étudier le réseau de transport. Pour trouver votre logement, parcourez les sites espagnols d'immobilier tels que Habitaclia.com, Idealista.com, Fotocasa.com, Yaencontre.com ou encore Pisos.com. Vous pouvez filtrer les résultats selon vos critères et contacter directement le propriétaire ou l'agent immobilier pour organiser une visite. Feuilleter les journaux locaux et consulter les groupes Facebook dédiés à la location de logements peut également être intéressant. Si vous manquez de temps, n'hésitez pas à contacter un agent immobilier local qui se chargera, à votre place, de dénicher des annonces qui correspondent à vos critères. Il pourra aussi vous aiguiller dans les démarches administratives liées à la location. Cependant, les frais d'honoraires peuvent être conséquents et représenter un mois de loyer.

- **Les visites** : Une fois que vous avez trouvé des logements potentiels, organisez des visites pour les inspecter en personne ou à l'aide d'un professionnel. Durant les visites, vérifiez l'état et l'emplacement du logement, le bon fonctionnement des électroménagers et les commodités disponibles. Renseignez-vous également sur les conditions de location, les dépenses supplémentaires (charges d'eau, d'électricité etc.) et discutez des conditions de paiement avant de prendre une décision. De plus, nous vous encourageons à visiter plusieurs hébergements à titre de comparaison.

- **Le contrat de location** : Lorsque vous avez trouvé un logement qui vous convient, vous devez signer un contrat de location, connu en espagnol sous le nom de « *contrato de arrendamiento* », avec le propriétaire ou l'agence immobilière. Assurez-vous de bien comprendre les termes du contrat comme la durée du bail, le montant du loyer, les conditions de renouvellement, le dépôt de garantie et les responsabilités des deux parties.

Il est recommandé de lire attentivement le contrat et de demander des clarifications si quelque chose vous interpelle. Par ailleurs, il peut être intéressant de revoir le contrat avec un avocat spécialisé en droit immobilier pour vous assurer que tout soit correct.

Lors de la **signature d'un contrat de location en Espagne**, il est fréquent d'être amené à fournir certains documents tels que :

- Une copie de votre carte d'identité ou de votre passeport,
- Votre NIE,
- Une preuve que vous êtes en mesure de payer le loyer telle qu'une déclaration de revenus, une preuve d'emploi, un bulletin de salaire (« *nómina* ») ou un relevé bancaire.

- **Le paiement et le dépôt de garantie** : En règle générale, vous devrez payer le premier mois de loyer ainsi qu'un dépôt de garantie (*fianza*) équivalent à un ou deux mois de loyer. Le dépôt de garantie sera restitué à la fin de la location, sous réserve de l'état du logement. Assurez-vous de clarifier ces points avec le propriétaire ou l'agence immobilière avant de signer le contrat de location.

Veuillez noter que les procédures et les exigences spécifiques peuvent varier considérablement entre les régions autonomes espagnoles. Il est donc conseillé de se renseigner en amont sur les lois et les pratiques locales.

Voici quelques conseils supplémentaires à garder à l'esprit :

- Bien que trouver un appartement à bon prix avant d'arriver en Espagne n'est pas toujours facile, dégoter son logement au préalable facilite grandement l'arrivée et permet d'être plus serein. Cependant, signer un contrat de location sans avoir vu le logement reste risqué.
- Des visites en visioconférence peuvent être organisées si vous êtes encore dans votre pays d'origine.
- Le temps de trouver l'appartement idéal, vous pouvez choisir un hébergement de courte durée (Airbnb, Booking, etc.). Ces solutions peuvent être réservées avant même d'être sur place.
- En Espagne, le meilleur moment pour chercher un logement se situe entre mai et juin. En août, les vacances compliquent les visites et les démarches. Le mois de septembre n'est pas non plus l'idéal avec le retour des vacances ainsi que la reprise du travail et de l'école. De plus, pendant la période de Noël, le marché immobilier n'est pas très actif.

- De nombreux appartements vides affichent un panneau à louer « *se alquila* » aux fenêtres ou sur la porte de l'immeuble.
- Généralement, la majorité des contrats de location ont une durée d'au moins un an.
- Les propriétaires sont tenus par la loi espagnole de prolonger les baux jusqu'à 5 ans (7 ans si le propriétaire est une société). Une fois la période de location maximale écoulée, le propriétaire a le droit de résilier le contrat de location avec un préavis d'au moins 4 mois.
- Avant de signer un contrat de location, il est important de savoir si les charges de consommation sont incluses ou non dans le prix du loyer.
- Il est préférable de mettre par écrit tout accord complémentaire.
- Ne signez pas de contrat ou d'accord avec des locataires de biens immobiliers. Il peut s'agir de sous-location sans l'accord du propriétaire.

Vous connaissez maintenant tous les éléments essentiels pour louer un logement en Espagne.

Dans le cas où vous envisagez plutôt d'acheter un logement, vous pouvez vous référer à la partie consacrée à l'immobilier page 129. Vous trouverez des informations précises sur les différentes possibilités d'achat, les diversités selon les régions ainsi que le processus spécifique d'achat.

3. L'inscription au Padrón Municipal

Le *Padrón* est l'équivalent d'un registre municipal de recensement, auprès duquel toute personne résidant dans une ville espagnole doit être enregistrée, quelle que soit sa nationalité. Cette formalité est obligatoire et gratuite. Le *padrón* doit être renouvelé à chaque déménagement.

Pour vous inscrire au « P*adrón Municipal* », vous devez déjà avoir une résidence et donc être en possession d'un contrat de location ou autre, signé à votre nom.

Pour effectuer la démarche, il vous suffit de vous rendre dans un Bureau de Conseil aux Citoyens nommé « *Oficina de Atención Ciudadana* » de votre commune de résidence. Vous pouvez utiliser ce service de géolocalisation pour trouver le bureau le plus proche de chez vous :
https://administracion.gob.es/pagFront/atencionCiudadana/oficinas/encuentraOficina.htm

Globalement, la démarche de recensement est simple et relativement rapide. Le jour J, vous devez uniquement transmettre l'ensemble des documents requis et remplir le formulaire de demande.

Voici les documents à fournir lors de l'*empadronamiento* (autrement dit, l'inscription) :

- Votre carte d'identité ou votre passeport en cours de validité,
- **Si vous êtes propriétaire** : l'écriture de propriété, ou le contrat privé d'achat-vente inférieur à un an où votre nom apparaît en tant que propriétaire du bien, ou encore l'acte d'acceptation d'héritage.
- **Si vous êtes locataire** : le contrat de location de plus de 6 mois.
- **Si vous êtes hébergé** : une attestation d'hébergement écrite en espagnol et signée par la personne chez qui vous vivez, accompagnée d'une photocopie de sa carte d'identité.
- **Si vous enregistrez également un enfant à cette adresse** : sa carte d'identité ou son passeport en cours de validité, ainsi que le livret de famille si l'enfant est âgé de moins de 14 ans.

Votre attestation de recensement vous sera délivrée le jour même en main propre. Ce document officiel est indispensable dans diverses démarches administratives telles que l'inscription à la sécurité sociale, l'inscription de votre enfant à l'école ou encore la conversion de votre permis de conduire.

4. L'affiliation au système de santé

Pour adhérer au système espagnol de sécurité sociale, vous devez résider en Espagne et payer vos cotisations en Espagne. Si vous remplissez ces deux conditions, vous pouvez vous inscrire et recevoir la « *tarjeta sanitaria* », équivalente à la Carte Vitale française. Vous trouverez des instructions détaillées à la page 76 de votre guide d'expatriation.

Les citoyens de l'UE non affiliés au régime espagnol de la sécurité sociale peuvent également bénéficier de soins médicaux pendant leur séjour temporaire en Espagne s'ils disposent de leur Carte Européenne d'Assurance Maladie (CEAM). Pour les Français, cette démarche s'effectue sur le site Ameli.fr.

Par ailleurs, les citoyens français qui souhaitent s'installer en Espagne et bénéficier d'une couverture sociale en plus du système de santé espagnol peuvent se diriger vers la **Caisse des Français de l'Étranger** (CFE). La CFE agit comme une extension du système français pour les citoyens français résidant à l'étranger. Elle fournit diverses prestations : assurance maladie, maternité, invalidité, accidents du travail et allocations familiales. En général, la CFE complète le système de santé espagnol en prenant en charge une partie des frais médicaux selon les modalités établies.

De nombreux résidents et expatriés souscrivent également une **assurance privée ou une mutuelle** pour profiter d'un accès plus rapide aux spécialistes.

Les frais varient selon l'âge et le sexe du bénéficiaire. Selon l'EURES, le coût mensuel pour une personne de 40 ans se situe entre 30 euros et 55 euros.

⚠️ Les conditions et les franchises peuvent différer selon les contrats et les compagnies. N'hésitez pas à réaliser des devis dans plusieurs compagnies d'assurances privées afin de choisir la couverture qui vous convient le mieux.

5. La souscription à diverses assurances

En tant qu'expatrié français en Espagne, il est conseillé de souscrire à diverses assurances afin de garantir votre sécurité et de pouvoir faire face aux aléas de la vie quotidienne. Voici un aperçu des assurances dont vous pourriez avoir besoin :

- **L'assurance santé** : La santé n'est pas un aspect à ignorer lors d'un déménagement. Il est donc fortement recommandé d'opter pour une assurance santé privée en complément du système de santé public espagnol, afin de bénéficier d'une couverture plus large. Les assurances privées espagnoles les plus connues sont : **Mapfre Salud, Asisa, Adeslas et Sanitas**.

- **L'assurance habitation** : Afin de protéger votre logement contre les dommages et les pertes causés par des inondations, des incendies ou encore des vols, il est conseillé de souscrire une assurance habitation. De nombreuses compagnies existent : **Mapfre Seguros, Allianz Seguros, AXA Seguros, Caser Seguros, Mutua de Propietarios**, et bien d'autres. Assurez-vous de bien comprendre l'ensemble des conditions proposées par votre compagnie d'assurance avant de signer quelconque contrat.

- **L'assurance responsabilité civile** : Cette assurance essentielle vous protège en cas de dommages matériels, immatériels ou corporels causés involontairement à un tiers. En règle générale, elle est incluse dans les contrats d'assurance habitation mais il est recommandé de vérifier les termes et les limites de la couverture choisie afin d'être certain.

- **L'assurance automobile** : Si vous possédez un véhicule en Espagne, il est obligatoire de contracter une assurance automobile qui couvre les dommages matériels et corporels causés à autrui en cas d'accident de la route. Une grande variété de formules d'assurance sont disponibles (**Mapfre Seguros, AXA Seguros, Caser Seguros, Liberty Seguros**, etc.), allant de la simple assurance responsabilité civile obligatoire nommée « *seguro obligatorio* » à des options plus complètes incluant la protection contre les dommages propres et le vol.

- **L'assurance voyage** : Dans le cas où vous prévoyez de voyager ou de retourner souvent dans votre pays d'origine, il peut être intéressant de souscrire une assurance voyage qui couvrira les annulations, les pertes de bagages et autres tracas. Diverses assurances proposent des couvertures de voyage : **InterMundial, Sanitas, Caser Seguros, Mapfre Seguros**, etc.

Gardez en tête qu'il est primordial de bien comprendre les conditions et les niveaux de couverture de chaque contrat d'assurance avant de prendre une décision. Pour trouver celui qui correspond le mieux à vos besoins, faites des devis auprès de différentes compagnies d'assurance et comparez-les.

6. Les moyens de communication

Que ce soit pour travailler, vous informer ou tout simplement rester en contact avec vos parents ou vos amis à l'étranger, l'une des premières choses que vous voudrez faire en arrivant en Espagne est de trouver le moyen de communication idéal.

L'Espagne propose un réseau de télécommunications très développé sur l'ensemble du territoire, notamment en termes de vitesse de connexion internet. Rester en contact avec vos proches ne sera donc pas un problème lors de votre installation.

Pour cela, vous avez le choix entre plusieurs solutions, fournisseurs et forfaits :

- **La ligne fixe** : Si vous prévoyez de rester dans le pays pendant une période prolongée, une ligne fixe peut être une bonne idée et vous permettra d'appeler vos proches à tout moment. L'opérateur de téléphonie fixe le plus connu est **Movistar** (appartenant à Telefonica). Cependant, il existe de nombreux autres opérateurs à travers le pays tels que **Orange, Vodafone, Yoigo, Jazztel et MásMóvil**.

Pour effectuer une demande de ligne fixe, vous devez vous munir au minimum des documents suivants : votre carte d'identité ou votre passeport ainsi que votre justificatif de domicile. Vous devrez également transmettre vos coordonnées bancaires afin de payer vos factures par prélèvement automatique.

En général, l'installation d'une ligne fixe en Espagne est gratuite. Cependant, vous devez vous attendre à payer des frais de location de la ligne tous les mois. Rassurez-vous ces coûts sont minimes et passent souvent inaperçus sur votre facture.

Par ailleurs, notez que les appels internationaux peuvent être coûteux, quel que soit le fournisseur que vous choisissez.

- **Le téléphone mobile** : L'Espagne dispose d'un réseau de téléphonie mobile moderne. De nombreux opérateurs proposent une variété de forfaits incluant des appels, des SMS et des données mobiles. Vous pouvez choisir entre les forfaits prépayés ou les contrats à long terme. Ce moyen de communication est vu comme le plus avantageux de nos jours.

Movistar, Orange, Vodafone, Yoigo, Jazztel ou encore **MásMóvil**, tous proposent de nombreux forfaits et de bonnes affaires. Alors prenez le temps de choisir votre fournisseur préféré. La meilleure façon de trouver les meilleurs tarifs de téléphonie mobile en Espagne est, encore une fois, de comparer différents opérateurs et fournisseurs de services.

Par ailleurs, de nombreux opérateurs espagnols proposent des forfaits mensuels qui incluent la connectivité mobile, la ligne fixe, l'accès à Internet et des bouquets de chaînes de télévision. Cependant, les **tarifs de ces packs sont généralement plus élevés** que ceux connus en France.

En règle générale, pour souscrire à un service vous devez présenter votre carte d'identité ou votre passeport, votre NIE et donner vos coordonnées bancaires pour le prélèvement automatique mensuel.

> Bon à savoir : L'application WhatsApp est le **principal service de messagerie** en Espagne. Les habitants l'utilisent **quotidiennement** pour envoyer des messages et appeler gratuitement à l'étranger. Il n'est pas surprenant que vous vous retrouviez à utiliser aussi cette application dans le cadre de vos relations professionnelles. L'application Skype est également une autre alternative gratuite pour réaliser des appels audio et vidéo à l'étranger.

- **L'accès Wi-Fi** : En Espagne, il existe aussi de multiples points d'accès Wi-Fi gratuits dispersés sur l'ensemble du territoire. Vous pouvez en retrouver notamment dans les **restaurants**, les **bars**, les **centres commerciaux** ou encore les **aéroports**. L'application WiFi Map peut vous aider à trouver où sont situés ces points d'accès en fonction de votre emplacement actuel.

7. L'ouverture d'un compte bancaire

Lorsqu'un citoyen français s'installe en Espagne, l'ouverture d'un compte bancaire sur le territoire représente une étape incontournable. Bien que ce ne soit pas une exigence pour vivre en Espagne, cela simplifiera grandement votre intégration à la vie ibérique. En effet, avoir un compte bancaire facilite la réception du salaire, le paiement des factures ainsi que les diverses opérations financières. Autrement dit, cela permet de gérer ses finances de façon pratique et sécurisée.

Globalement, l'ouverture d'un compte bancaire en Espagne pour les expatriés français est relativement facile et peut se faire dans de nombreuses banques basées sur le territoire.

Vous avez le choix entre plus de **150 enseignes différentes** allant des **banques nationales** telles que BBVA, Santander, Banco Sabadell, CaixaBank, Ibercaja, aux **banques régionales**, ou encore aux **banques en ligne** (Revolut, N26, BforBank, ING DIRECT Espagne).

De ce fait, lorsque vous choisissez votre banque, il vaut la peine de prendre le temps de rechercher et de comparer les différentes caractéristiques telles que le montant des frais de gestion, de retrait, de transaction, de virement international et d'utilisation à l'étranger, la cotisation de la carte débit/crédit, mais également la langue de votre espace en ligne. **Si vous ne maîtrisez pas totalement l'espagnol, certaines banques proposent des interfaces en français.**

En Espagne, les frais bancaires peuvent varier considérablement selon la banque que vous choisissez. Par ailleurs, les frais bancaires espagnols sont souvent plus élevés que dans la majorité des autres pays européens. Veuillez noter que certaines réductions peuvent s'appliquer aux plus jeunes et aux seniors. Par conséquent, il convient de bien se renseigner.

Il existe deux types de comptes bancaires pour les étrangers en Espagne : **les comptes résidents** et les **comptes non-résidents**. Une fois que vos documents sont prêts, la procédure pour ouvrir ces comptes n'est pas compliquée.

Pour ouvrir un compte bancaire en Espagne, vous aurez besoin des documents suivants :

- Votre carte d'identité ou votre passeport,
- Votre numéro d'identification d'étranger (NIE),
- Votre justificatif de domicile,
- Une preuve de votre statut professionnel (carte d'étudiant, contrat de travail, bulletin de salaire, relevé de pension, etc.),
- **Dans le cas où vous souhaitez ouvrir un compte résident** : un justificatif de domicile en Espagne (facture d'eau, d'électricité ou de gaz) ou votre inscription au registre des résidents (*empadronamiento*).
- **Dans le cas où vous souhaitez ouvrir un compte non-résident** : votre certificat de non-résidence. Ce dernier peut s'obtenir auprès d'un commissariat de police avec un délai de deux semaines environ. Sinon, certaines banques acceptent une attestation sur l'honneur. À savoir qu'il est obligatoire de renouveler votre certificat de non-résident tous les deux ans et d'informer la banque si vous devenez résident espagnol.

En général, les banques souhaiteront que vous vous rendiez dans une agence pour ouvrir un compte bancaire. Les heures d'ouverture courantes des banques espagnoles sont du **lundi au vendredi de 9h00 à 14h00/14h30**.

À savoir : Les chèques ne sont pas couramment utilisés en Espagne. Peu de banques vous délivreront un chéquier à moins que vous ne le demandiez.

8. *L'immatriculation du véhicule et la conversion du permis de conduire*

Lorsqu'un ressortissant français décide de s'installer sur le territoire espagnol de manière permanente et souhaite conduire un véhicule, il est primordial de prendre en compte deux aspects importants : l'immatriculation du véhicule et la conversion du permis de conduire.

Si vous n'êtes pas considéré comme résident espagnol, vous pouvez circuler avec votre véhicule dans l'ensemble des pays de l'Union européenne sans avoir quelconque démarche à effectuer.

Dans le cas où vous devenez résident en Espagne (c'est-à-dire si vous passez plus de 183 jours par an sur le territoire, et/ou vous avez des intérêts économiques significatifs en Espagne et/ou des liens familiaux étroits sur le territoire), il est **obligatoire** de passer par l'étape d'immatriculation de votre véhicule et de payer les éventuelles taxes et impôts associés.

Si vous devez immatriculer votre véhicule en Espagne, la première étape consiste à acquérir le Certificat de Conformité Européen (*Certificado de Conformidad Europeo*). Ce document fourni par le constructeur permet d'attester que le véhicule est bien conforme aux normes de sécurité et de pollution en vigueur dans l'Union européenne. Pour l'obtenir, contactez le constructeur automobile ou alors un concessionnaire espagnol. Sans ce document, vous ne pouvez pas passer à l'étape suivante.

Avant de commencer la procédure d'immatriculation, vous devez passer un contrôle technique, appelé ITV, dans un centre agréé. Ce contrôle est obligatoire même si le véhicule a passé un contrôle technique en France. L'objectif est de s'assurer du bon fonctionnement du véhicule, du taux de pollution mais surtout que le véhicule est conforme aux documents fournis. Les tarifs d'ITV varient selon la région et le type de véhicule. Comptez approximativement entre 30 et 50 euros. De plus, précisez bien à l'établissement qu'il s'agit uniquement d'un changement de domicile du véhicule au sein de l'Union européenne et que vous ne l'importez pas. Sinon, le coût et le temps d'attente seront différents.

Pour réaliser le contrôle technique veuillez vous munir des originaux et des copies des documents suivants :

- Votre pièce d'identité ou votre passeport en cours de validité,
- Votre permis de conduire,
- Votre NIE,
- Le certificat de conformité européen,
- La facture d'achat du véhicule avec la preuve de paiement de la TVA (si la voiture a été achetée neuve) ou le contrat de vente (si la vente a été réalisée entre particuliers),
- La carte grise.

Une fois le contrôle technique effectué, il est nécessaire de prendre rendez-vous auprès de la Préfecture de Police espagnole de votre lieu de résidence, nommée « *Dirección de Tráfico* » pour déposer la demande d'immatriculation. Le coût d'immatriculation d'un véhicule s'élève à 99,77 euros en 2024. Pour les cyclomoteurs, le prix est de 27,85 euros en 2024.

Généralement, les documents requis sont les mêmes que pour l'ITV, en rajoutant :

- Un justificatif de domicile en Espagne,
- Le certificat obtenu lors du contrôle technique (ITV),
- Le formulaire de demande d'immatriculation,
- Le formulaire « *Modelo 576 – Impuesto Especial Sobre Determinados Medios de Transporte* », ou le formulaire « *Modelo 06* » en cas d'exemption. À savoir que vous pouvez être exonéré d'impôt si vous réalisez la démarche d'immatriculation dans les **30 jours suivants l'entrée du véhicule sur le territoire espagnol**. Ces deux documents sont accessibles sur le site internet de l'*Agencia Tributaria* www.agenciatributaria.es, dans l'onglet « Vehículos », ou alors directement sur place. Le justificatif de paiement ou d'exemption de l'impôt doit être imprimé.
- Le justificatif de paiement de l'IVTM (*Impuesto sobre Vehículos de Tracción Mecánica*). Pour vous acquitter de cette taxe municipale annuelle vous devez vous rendre dans une *Oficina de Atención al Ciudadano* ou par téléphone, en appelant le 010. Les frais dépendent de la municipalité et de la puissance fiscale du véhicule mais n'excèdent généralement pas 100 euros.

Lorsque votre demande a été acceptée, vous pouvez désormais faire assurer votre véhicule auprès d'une compagnie espagnole (Mapfre Seguros, AXA Seguros, Caser Seguros, Liberty Seguros...) ou européenne, ainsi que faire changer vos plaques d'immatriculation par un professionnel.

En bref, en Espagne le coût total d'une mise en conformité d'un véhicule provenant de l'UE fluctue entre 230 et 280 euros (IVTM compris) selon le type de véhicule et la région.

Bon à savoir : En Espagne, il est **obligatoire** de détenir un gilet fluorescent à portée de main ainsi que deux triangles de signalisation dans son véhicule. Les véhicules étrangers sont également soumis à cette obligation sur le territoire. Ainsi, les conducteurs contraints de quitter leur voiture sur le bord de la route devront porter un gilet de sécurité. Sans cela, ils encourent une amende.

En ce qui concerne la conversion du permis de conduire, cette démarche n'est pas obligatoire pour tout le monde.

En effet, votre **permis délivré en France après 2013** est un permis dit « européen ». Ce qui signifie qu'il est valable pour conduire dans tous les pays membres de l'UE, notamment en Espagne, tant qu'il est en cours de validité (jusqu'à 15 ans après son obtention).

Vous pouvez conduire sur le territoire espagnol avec ce permis sans aucune restriction. Vous n'avez pas besoin de permis international ni d'échanger votre permis. Par conséquent, l'échange de votre permis contre un permis espagnol est totalement facultatif. À noter qu'il s'agit bien d'un **échange**, c'est-à-dire que vous pouvez soit garder le permis français soit obtenir le permis espagnol. Aucun individu ne peut posséder plus d'un permis européen.

En cas d'expiration de votre permis européen, vous devrez bien évidemment renouveler votre permis de conduire pour pouvoir continuer à conduire légalement sur le territoire. Cela impliquera automatiquement l'échange de votre permis de conduire contre un permis espagnol.

Pour renouveler votre permis de conduire, vous devez obtenir un **rapport d'aptitude psychophysique** et vous acquitter d'une taxe de **24,58 euros** (gratuit pour les plus de 70 ans).

Pour avoir un rapport d'aptitude, vous devez prendre rendez-vous dans un centre agréé de reconnaissance pour les conducteurs, en indiquant qu'il s'agit d'une demande de renouvellement de votre permis de conduire. Ce certificat est valable **90 jours** et vous devrez le présenter à la *Dirección General de Tráfico* (DGT) avant son expiration.

La liste des centres agréés est disponible ici : https ://www.dgt.es/conoce-la-dgt/con-quien- trabajamos/centros-reconocimiento-conductores/

⚠️ Cependant, une attention particulière est à porter pour les détenteurs de **l'ancien permis français** sans date d'expiration nommé « **papier rose** ».

Le Décret Royal 818/2009 du 8 mai 2009 instaure de nouvelles dispositions de validité pour les permis délivrés par les États membres de l'Union européenne :
« **S'agissant de permis de conduire non soumis à une date de validité, le titulaire devra, renouveler le permis, dans les deux ans suivants sa date d'installation en Espagne** ».

Comme vous l'aurez compris, les détenteurs du permis rose qui résident depuis plus de deux ans en Espagne sont dans l'obligation de renouveler leur permis de conduire pour circuler légalement sur le territoire.

Pour cela, il suffit de suivre les étapes suivantes :

1. **Obtenir votre Relevé d'Information Restreint (RIR)** : Ce document certifie votre droit à conduire, la validité de votre permis et indique également quel type de véhicule vous êtes autorisé à conduire. Ce document est délivré par la **préfecture** de votre dernier lieu de résidence en France. Pour réaliser la demande, vous devez télécharger, compléter et signer le formulaire de demande de RIR sur le site du consulat puis l'envoyer avec une copie de votre pièce d'identité et de votre permis ainsi qu'une preuve de résidence à l'étranger. Par la suite, la préfecture vous délivrera votre RIR par courrier électronique ou par courrier postal via le consulat.

2. **Réaliser un test d'aptitude psychophysique** : L'obtention de ce test est obligatoire pour passer à l'étape suivante. Pour cela, vous devez vous rendre dans un centre agréé. Une fois acquise, cette attestation est valable **90 jours**.

3. **Prendre un rendez-vous à la** *Dirección General de Tráfico* **(DGT)** *:* La prise de rendez-vous s'effectue directement sur le site de la DGT. Il vous suffit de choisir votre lieu de rendez-vous ainsi que le type de la demande. Ici, vous cliquerez sur « *canje de permisos de conducción* ». En règle générale, très peu de créneaux sont libres et vous devrez tenter plusieurs fois avant d'obtenir une place. L'idéal est de se connecter dans la nuit ou alors très tôt le matin. Vous devez également payer la taxe correspondante sur le site de la DGT.

Lors de votre rendez-vous, apportez vos papiers d'identité (carte d'identité ou passeport) en vigueur, votre NIE, votre permis de conduire original, votre justificatif de domicile, votre RIR, votre test d'aptitude psychophysique, votre justificatif de paiement de la taxe, une photo d'identité originale au format 32 x 26 mm ainsi que le formulaire suivant complété : https ://sede.dgt.gob.es/sede-estaticos/Galerias/modelos-solicitud/03/Mod.03-ES.pdf

Une fois le rendez-vous effectué, un permis provisoire vous sera délivré. Votre permis définitif sera envoyé par la poste à votre domicile **sous 1 à 2 mois**. Ensuite, le prochain rendez-vous sera dans 15 ans pour le renouvellement.

Pour rappel : Les limitations de vitesse sur les routes espagnoles sont généralement similaires à celles des autres pays européens : **120 km/h sur les autoroutes, 90 km/h sur les routes nationales et 50 km/h en agglomération**.

Comme en France, il est **interdit** d'utiliser un téléphone portable au volant, mais il est également interdit de placer un téléphone portable sur le siège du conducteur, que le véhicule soit en mouvement ou à l'arrêt.

De plus, lorsque vous conduisez en Espagne, **vous ne pouvez pas** conduire avec vos coudes ou vos mains hors de l'habitacle comme vous avez peut-être l'habitude de faire en France. Si vous ne respectez pas cette règle, vous serez soumis à une **amende**.

C) Les 10 points essentiels à retenir pour vivre en Espagne

1 En moyenne, le coût de la vie en Espagne en 2024 est **19 % inférieur** à celui de la France.

2 Le numéro d'identification d'étranger (NIE) est le **sésame** de tout étranger qui s'installe en Espagne.

3 Toute personne qui réside en Espagne, quelle que soit sa nationalité, doit **s'inscrire** au *Padrón Municipal*.

4 En Espagne, la meilleure période pour chercher un logement se situe entre **mai et juin**.

5 Pour être affilié à la sécurité sociale espagnole, vous devez **résider** en Espagne et **payer** vos cotisations en Espagne.

6 Les ressortissants de l'UE non affiliés au régime espagnol de la sécurité sociale peuvent recevoir des soins médicaux pendant leur séjour temporaire en Espagne s'ils disposent de leur **Carte Européenne d'Assurance Maladie (CEAM)**.

7 L'application **WhatsApp** est un service de messagerie très utilisé en Espagne.

8 Si vous devenez résident espagnol, vous devrez faire **immatriculer** votre véhicule en Espagne.

9 Les citoyens Français qui détiennent un **permis européen** (délivré après 2013) en cours de validité peuvent conduire en Espagne sans avoir de changement à faire.

10 Les détenteurs français de l'ancien permis « **papier rose** » sans date d'expiration doivent renouveler leur permis dans les deux ans qui suivent leur installation en Espagne.

II. Étudier en Espagne

A) Le système éducatif espagnol — 33
1. Les différents niveaux d'enseignement — 33
2. Les écoles internationales — 36
3. Les écoles françaises — 38

B) Les universités espagnoles — 39
1. Les caractéristiques des universités espagnoles — 39
2. Les programmes d'études proposés — 42
3. Les critères d'admission et les modalités d'inscription — 44

C) Les aspects pratiques des études en Espagne — 51
1. Les formalités administratives — 51
2. Les coûts liés aux études — 54
3. Les bourses et les aides financières — 57

D) Les 10 points essentiels à retenir pour étudier en Espagne — 60

Si vous envisagez de vous installer en Espagne avec des enfants, la meilleure idée est d'effectuer des recherches sur le système éducatif en amont. De manière générale, vous avez le choix entre les **établissements publics**, les **établissements privés** (écoles à affiliation religieuse ou centres internationaux d'enseignement bilingue) et les **établissements semi-privés** (ou dits subventionnés, bénéficient d'un financement public partiel). Même si l'ensemble profite d'une bonne réputation, il est important de se rappeler que les écoles publiques sont habituellement moins coûteuses et plus accessibles que les écoles privées. De plus, l'espagnol est, bien évidemment, la langue officielle de l'enseignement, ce qui donne aux enfants l'opportunité de s'immerger dans la culture locale.

A) Le système éducatif espagnol

Offrant à ses élèves un large éventail d'options d'enseignements académiques et de formations professionnelles, le système éducatif espagnol est qualifié comme excellent, et même comme l'un des plus diversifiés d'Europe. En Espagne, l'éducation est administrée par le ministère de l'Éducation et de la Formation Professionnelle. L'éducation est un droit universel, ce qui signifie que, tous les enfants jusqu'à l'âge de 16 ans, bénéficient d'une éducation gratuite et obligatoire. En outre, les établissements publics sont ouverts à tous les étudiants, indépendamment de leur origine sociale ou de leurs revenus. Reconnues pour leur qualité académique et leur excellence dans de multiples domaines, les universités espagnoles culminent régulièrement en haut des classements internationaux.

1. Les différents niveaux d'enseignement

L'Espagne offre un système d'éducation **complet** pour les enfants et les jeunes de tous âges et de tous horizons, allant de la maternelle à l'université, avec une grande diversité de matières et de niveaux pour répondre à l'intégralité des besoins des élèves. Effectivement, un bon nombre de niveaux d'enseignement sont proposés : l'éducation préscolaire, la primaire, le secondaire obligatoire, le secondaire de dernier cycle, la formation professionnelle et l'enseignement universitaire.

L'éducation préscolaire, « *educación infantil* » en espagnol, est destinée aux enfants âgés de 0 à 6 ans, dans le but de soutenir leur développement physique, émotionnel, social et intellectuel. Ce niveau est divisé en **deux cycles**, chacun de trois ans : le premier cycle pour les élèves de 0 à 3 ans et le second cycle pour les 3/6 ans. Cette éducation de la petite enfance est facultative et se déroule, en général, en garderie ou encore en école maternelle appelées « *Escuelas Infantiles* ».

À bien noter que la première étape (0/3 ans) n'est pas financée par le gouvernement. En effet, une **participation financière** vous sera demandée, y compris dans les crèches publiques. Toutefois, quelques municipalités accordent un nombre limité de bourses afin d'encourager la fréquentation de leur école. En ce qui concerne la deuxième étape (3/6 ans), celle-ci est **généralisée et gratuite**.

L'éducation primaire (ou « *educación primaria* ») est, quant à elle, adressée aux jeunes de 6 à 12 ans. D'une durée de 6 ans, elle est **obligatoire** pour tous les enfants en Espagne. Cet enseignement primaire est dispensé **gratuitement** dans les établissements publics (dits « *Colegios de Educación Primaria* ») et dans les établissements privés subventionnés.

L'éducation secondaire ou « *Educación Secundaria Obligatoria* » (ESO) est réservée aux adolescents âgés entre 12 et 16 ans. Dispensé dans les établissements d'enseignement secondaire (*Institutos de Educación Secundaria*), cet enseignement **gratuit** s'étale sur 4 ans. Il s'agit d'une éducation également **obligatoire** pour les élèves en Espagne. Concernant les domaines d'enseignement, ces derniers restent les mêmes qu'en éducation primaire mais le niveau s'intensifie, afin de compléter l'éducation de base. À la fin de leur scolarité, les élèves reçoivent un **certificat** qui correspond au titre de diplômé de l'enseignement secondaire obligatoire « *Graduado en Educación Secundaria* ». Ce certificat officiel leur permet d'accréditer les années d'études accomplies et les compétences acquises à ce niveau. Par la suite, les étudiants peuvent continuer en secondaire ou choisir d'intégrer une filière professionnelle de niveau moyen.

Le baccalauréat ou « *Bachillerato* » constitue le **dernier cycle de l'enseignement secondaire**. D'une durée de deux ans, il est, en principe, destiné aux élèves entre 16 et 18 ans. Bien qu'il s'agisse d'un niveau d'enseignement **facultatif**, il reste **fortement recommandé** pour les élèves souhaitant poursuivre des études universitaires ou une formation professionnelle de niveau supérieur. Les élèves peuvent choisir entre diverses matières telles que les lettres, les sciences sociales, les sciences, ou encore les arts, de niveau avancé. Il débouche sur l'obtention du *bachiller* (baccalauréat).

Par ailleurs, le **Bachibac** peut être une option intéressante pour les citoyens français. Il s'agit d'un programme de **double diplôme** qui offre la possibilité aux étudiants de passer simultanément le baccalauréat espagnol et le baccalauréat français. Cette double qualification peut être obtenue dans les écoles qui proposent un programme mixte. Elle permet aux étudiants de réaliser des études supérieures de travailler dans les deux pays.

Concernant l'enseignement supérieur, autrement dit « *Educación Superior* », ce dernier se divise en **trois cycles distincts**. Le premier cycle est, en général, sur une durée de 4 ans et conduit à l'obtention du diplôme de « *Grado* », qui est l'équivalent d'une licence en 3 ans en France. Concernant le second cycle de deux ans, il permet l'acquisition du diplôme de « *Máster* », qui correspond au master français. Les étudiants peuvent également poursuivre un troisième cycle afin de réaliser des études de doctorat et ainsi obtenir un « *Doctor* », égal au doctorat en France.

À savoir qu'il existe aussi plusieurs formations professionnelles de niveau intermédiaire ou supérieur, divisées en modules de courte ou longue durée, pour préparer les étudiants à exercer divers métiers. Ce parcours vise à rapprocher les élèves de la réalité du marché du travail et à répondre aux besoins de personnel qualifié dans de multiples domaines professionnels. Il existe **trois cycles** d'enseignement professionnel :
- Formation Professionnelle de Base – *Formación Profesional Básica* (FPB)
- Enseignement Professionnel Moyen – *Ciclo Formativo de Grado Medio* (CFGM)
- Enseignement Professionnel Supérieur – *Ciclo Formativo de Grado Superior* (CFGS).

L'accès aux études universitaires ou aux cycles de formation professionnelle de niveau supérieur est possible en passant un **examen**. Les élèves qui réussissent avec succès leur formation professionnelle de niveau moyen obtiennent un diplôme de technicien « *Técnico* » ou de technicien supérieur « *Técnico superior* » pour le niveau supérieur.

En règle générale, dans certaines communautés autonomes espagnoles telles que la région de Valence, la Catalogne, la Galice ou encore le Pays basque, **les cours sont aussi dispensés dans la langue communautaire**.

Bien que le système éducatif espagnol soit relativement similaire à celui de la France, du fait de la mise en place de passerelles et d'équivalences de diplômes, il est tout de même important de tenir compte de certaines divergences de votre pays d'accueil.

L'âge n'étant pas un critère suffisant pour s'y retrouver, inscrire vos enfants à l'école ou situer votre propre niveau peut se révéler être un **véritable casse-tête**. LePetitJournal.com met à disposition le tableau ci-après pour vous éclairer.

Figure 3 : Équivalences entre les systèmes éducatifs français et espagnol

	ESPAGNE	FRANCE	
INFANTIL	1º Educación Infantil	Petite section	MATERNELLE
	2º Educación Infantil	Moyenne section	
	3º Educación Infantil	Grande section	
PRIMARIA	1º Primaria	CP	PRIMAIRE
	2º Primaria	CE1	
	3º Primaria	CE2	
	4º Primaria	CM1	
	5º Primaria	CM2	
	6º Primaria	Sixième	
SECUNDARIA (ESO)	1º de ESO	Cinquième	COLLÈGE
	2º de ESO	Quatrième	
	3 de ESO	Troisième	
	4º de ESO	Seconde	
BACHILLERATO	1º de Bachillerato	Première	LYCÉE
	2º de Bachillerato	Terminale	

Source : ÉDUCATION – Équivalences entre systèmes éducatifs français et espagnol, LePetitJournal Barcelone, 2022

2. Les écoles internationales

Les premières écoles internationales ont vu le jour en Espagne dans les années soixante dans le but d'accueillir les enfants d'expatriés et de diplomates. De nos jours, ces établissements sont devenus une *option éducative attrayante* pour les familles espagnoles et étrangères. Conçus pour accueillir des élèves de différentes nationalités et de diverses cultures, ces établissements d'enseignement internationaux proposent des installations de haute qualité, des programmes éducatifs reconnus à l'international ainsi qu'un environnement multiculturel. Effectivement, les jeunes qui fréquentent ces institutions sont baignés dans des *cultures et des modes de vie différents*, ce qui leur permet d'être plus ouverts d'esprit et tolérants envers les autres. Gérées par le ministère espagnol de l'Éducation et de la Formation, ces écoles suivent les normes éducatives espagnoles et internationales, et sont également régulièrement accréditées par des organisations éducatives internationales.

L'Espagne possède un **grand éventail** d'écoles internationales, passant de petites écoles privées à des établissements plus conséquents. Les écoles internationales en Espagne offrent des programmes éducatifs variés de tous niveaux. Certaines proposent également des programmes éducatifs internationaux tels que le baccalauréat international ou le programme d'études américain, tandis que d'autres choisissent plutôt de s'appuyer sur le programme éducatif espagnol. Ainsi, elles offrent aux étudiants la possibilité de réaliser un programme d'études **reconnu internationalement**. En Espagne, la majorité de ces écoles choisissent d'utiliser l'anglais comme langue d'enseignement principale mais offrent également un environnement bilingue pour que les élèves puissent apprendre l'espagnol.

Les écoles internationales en Espagne fonctionnent individuellement et suivent leur propre cursus adapté au modèle du système d'enseignement du pays. Pour faciliter l'adaptation de vos enfants, **choisir une école basée sur le modèle de votre pays d'origine peut s'avérer être un choix judicieux**. Bien qu'il existe également des écoles françaises, suédoises, italiennes, néerlandaises et allemandes avec une réputation excellente, les écoles américaines et britanniques restent les établissements internationaux les plus populaires.

Agissant comme des institutions privées, il faut tout de même garder en tête que ces écoles exigent des **frais de scolarité** plus conséquents que les écoles publiques espagnoles. Le coût de chaque école diffère énormément en fonction de son statut, de la couverture et des subventions. En Espagne, les écoles internationales sont présentes dans **28 villes** du pays, notamment à :

- **Madrid** : International College Spain, American School of Madrid, Deutsche Schule Madrid, Scandinavian School of Madrid...
- **Barcelone** : American School Of Barcelona, British School of Barcelona, Deutsche Schule, Collège Ferdinand de Lesseps, Scuola Italiana of Barcelona...
- **Valence** : American School of Valencia, British School of Alzira, Cambridge House, Caxton College, El Plantio International School...
- **Malaga** : The British College, Novaschool Sunland International, Schellhammer International School...

D'autres écoles sont également situées dans les villes d'**Alicante**, **Séville**, **Bilbao**, **Saragosse**, et beaucoup d'autres.

Si vous déménagez temporairement en Espagne avec l'intention de revenir, par la suite, dans votre pays d'origine, nous vous recommandons de choisir un **programme d'études reconnu**. De ce fait, renseignez-vous auprès de l'ambassade locale de votre pays afin de vous assurer que l'école choisie possède l'accréditation appropriée.

De plus, n'hésitez pas à vous informer sur le programme éducatif avant de procéder à l'inscription de votre enfant et également à contacter d'anciens parents d'élèves pour échanger sur leurs expériences personnelles.

3. Les écoles françaises

L'Espagne dispose d'écoles et de lycées agréés par le ministère français de l'Éducation nationale. Ces institutions permettent aux élèves d'accéder à une éducation conforme au programme français et de bénéficier d'une scolarité continue de la maternelle à la terminale. Les élèves profitent d'une scolarité de qualité internationale axée sur l'exigence de l'éducation à la française et ouverte sur le pays d'accueil. Ces écoles préparent au diplôme du brevet des collèges ainsi qu'au baccalauréat.

L'Agence pour l'Enseignement Français à l'Étranger (AEFE) garantit le suivi de ces établissements. Pour s'inscrire, il est préférable de se rendre sur place étant donné que chaque école gère ses modalités d'inscription. En général, des frais de scolarité sont demandés.

Si vous souhaitez scolariser vos enfants dans une école française, l'Espagne possède **23 établissements d'enseignement français** agréés tels que le Lycée français de Barcelone, de Madrid, de Valence, de Málaga, de Séville, de Bilbao, l'école Ferdinand de Lesseps de Barcelone, le Lycée Français Molière de Saragosse, le Collège Français de Reus de Tarragone, et d'autres.

Vous pouvez retrouver la liste complète de ces établissements homologués sur le site de l'Agence pour l'Enseignement Français à l'Étranger : www.aefe.fr.

B) Les universités espagnoles

L'Espagne dispose d'un système universitaire solide et reconnu sur la scène internationale. Ce pays européen offre un enseignement de qualité exceptionnelle avec plus de 80 universités publiques ou privées, ainsi que des écoles techniques, polytechniques, d'ingénieurs et de commerce dispersées sur l'ensemble du territoire. Ces dernières proposent un large éventail de programmes académiques et de recherches dans divers domaines tels que le commerce, les sciences, l'ingénierie et les arts.

Étudier en Espagne représente une **expérience inoubliable**. En poursuivant vos études dans ce pays européen vous apprendrez l'une des langues les plus parlées au monde, élargirez votre réseau de connaissances, et vous vous créerez de grandes opportunités de carrière. En tant que membre de l'Union européenne et donc du programme Erasmus+, l'Espagne bénéficie d'un haut niveau d'éducation et de multiples accords avec la France.

1. Les caractéristiques des universités espagnoles

Les universités sont considérées comme des **institutions autonomes** aptes à construire leur propre offre de formation. Les universités espagnoles sont organisées en fonction de plusieurs critères tels que leur forme juridique, leur taille ou encore de leur mission. En Espagne, le système universitaire se divise en deux types d'établissements : les universités publiques et les universités privées.

Les universités publiques sont **subventionnées** par l'État et sont gérées par les organes de gouvernance (conseils d'administration, conseils sociaux et conseils académiques) responsables de la prise de décisions fondamentales à la gestion ainsi qu'au développement de l'établissement. Les universités publiques sont régulièrement évaluées par des agences d'accréditation afin de garantir la qualité de l'enseignement et de la recherche.

En revanche, les universités privées sont **financées** grâce à des sources privées telles que les frais de scolarité et les donations. Elles sont aussi régulées par des organes de gouvernance chargés de veiller au bon fonctionnement de l'entité. Contrairement aux universités publiques, ces établissements ne sont pas sujets à des évaluations fréquentes de la part des organismes d'accréditation, mais peuvent être accrédités par plusieurs institutions telles que l'Association de Réflexion sur les Enseignements Supérieurs et la Recherche (ARESER). En effet, les universités privées sont dans l'obligation de faire certifier leurs diplômes auprès du ministère de l'Éducation pour avoir une valeur officielle.

En ce qui concerne le **calendrier universitaire**, l'Espagne possède un calendrier similaire à celui de la France. Effectivement, l'année scolaire espagnole est divisée en deux semestres, un semestre d'été et un semestre d'hiver, avec des vacances et des périodes d'examens entre les deux, tout comme le calendrier français.

La rentrée des étudiants au sein des universités espagnoles se fait traditionnellement à partir de mi-septembre. Pour les étudiants internationaux, le nouveau semestre commence, en règle générale, quelques jours plus tôt afin de leur laisser l'opportunité de s'intégrer et de s'adapter progressivement à leur nouvelle vie. Pour eux, une phase d'intégration est souvent prévue avec diverses activités pour les aider à faire connaissance mais également mieux appréhender leur nouvelle ville d'accueil et leur établissement.

À noter qu'il existe également des jours fériés propres à l'Espagne tels que le 12 octobre (fête nationale espagnole) et le 6 décembre (jour de la Constitution). **Les communautés autonomes disposent aussi de leurs propres jours fériés**. À titre d'exemple, le 9 octobre représente le jour de la Communauté valencienne. Férié dans la région de Valence, ce dernier n'est pas répandu dans le reste de l'Espagne. Pensez donc à bien regarder le calendrier espagnol ainsi que celui de la région dans laquelle vous vous trouvez.

Dans le cadre de l'harmonisation des programmes européens d'enseignement supérieur, l'Espagne, comme la plupart des États membres de l'Union européenne, a adopté le système dit LMD. Cela signifie que le cursus universitaire espagnol est structuré autour de **trois diplômes nationaux** : la licence, le master et le doctorat. Ce système permet de garantir la mobilité des étudiants européens. En effet, cela facilite l'équivalence et ainsi la reconnaissance des diplômes entre les différents pays, tout en uniformisant la durée de chaque diplôme. De ce fait, le premier niveau d'études espagnol *Grado* s'obtient en 4 ans, s'en suit le *Máster* en 1 ou 2 ans selon la spécialité choisie, et enfin le *Doctorado* en 3 ou 4 ans d'études. À savoir que, quasiment l'intégralité de la formation espagnole se passe à l'université, **il n'y a pas de classe préparatoire comme en France.**

En Espagne, les diplômes officiels sont basés sur le système ECTS (European Credits Tranfer System) de Bologne. Ce système européen de transfert et d'accumulation de crédits a été créé dans le but d'améliorer la transparence des programmes d'études et la comparabilité des résultats scolaires des étudiants des pays de l'Espace Européen de l'Enseignement Supérieur (EEES). Ainsi, ce système facilite la **reconnaissance des études à l'étranger** et permet donc d'accroître la **mobilité des élèves** entre les établissements d'enseignement supérieur.

De manière générale, **chaque semestre permet d'acquérir 30 crédits ECTS**. Ces crédits sont capitalisables et transférables entre les pays. On estime qu'un ECTS équivaut à 25 à 30 heures de travail. Un semestre d'études supérieures représente 30 ECTS, cela signifie que 750 à 900 heures de travail doivent être réalisées par l'étudiant. Un an correspond à 60 ECTS, soit 1500 à 1800 heures de travail.

Les 30 crédits du semestre sont décomposés entre l'ensemble des enseignements proposés durant le semestre. En effet, chaque enseignement reçoit un nombre de crédits proportionnel à la charge de travail (cours magistraux, travaux pratiques, séminaires, stages, le travail personnel, examens...) qui lui est associé.

Concernant la durée des études à l'université, la durée des licences dans les différents pays de l'EEES varie de 180 crédits ECTS (soit l'équivalent de 3 ans) à 240 crédits ECTS (soit l'équivalent de 4 ans) ou plus, selon la reconnaissance des attributions professionnelles. **L'Espagne a choisi d'opter pour une durée minimale de 240 crédits pour les licences.** Ainsi, cette modification permet de proposer des licences à partir de 180 crédits afin d'harmoniser les études hispaniques à celles des pays avec une forte mobilité internationale et un marché de l'emploi commun, notamment la France où les licences sont d'une durée de 3 ans.

En résumé, une année d'études universitaires = 60 crédits ECTS, un programme d'études de licence en trois ans = 180 crédits ECTS, un programme de licence en 4 ans = 240 crédits ECTS, un programme de master en 2 ans = 120 crédits ECTS.

2. Les programmes d'études proposés

Les universités espagnoles proposent une **variété de programmes d'études** de premier cycle, de cycles supérieurs et de doctorats, couvrant divers domaines. En effet, certaines institutions hispaniques sont tournées vers les sciences de la santé et ainsi, proposent à leurs étudiants des parcours de médecine, de pharmacie, d'odontologie, de biologie, de biotechnologie ou encore d'autres disciplines liées à la santé.

Les établissements espagnols enseignent également les sciences humaines, c'est-à-dire la littérature, la philosophie, l'histoire, les beaux-arts ainsi que le design.

Les sciences sociales sont aussi largement représentées dans les programmes universitaires du pays. Ces programmes comprennent les champs de la sociologie, la psychologie, l'économie, les sciences politiques, le journalisme, la communication ou encore les relations internationales.

De plus, les parcours d'ingénierie sont très populaires en Espagne, notamment en génie civil, en génie mécanique, en génie électrique, en génie industriel ainsi qu'en génie chimique.

Les programmes de commerce et d'administration des affaires sont aussi très développés au sein des universités espagnoles. Ils parcourent les matières fondamentales comme la finance, l'entreprenariat, les ressources humaines, le marketing et la logistique.

Les études de droit sont également très prisées en Espagne. Des spécialisations sont possibles dans différents domaines tels que le droit du travail, le droit commercial, le droit pénal ou encore le droit international.

Des programmes d'enseignement sont également proposés pour les étudiants qui envisagent une carrière dans l'éducation, avec des spécialisations en fonction du niveau scolaire choisi et des matières appréhendées.

Les programmes en informatique, en génie informatique et d'autres domaines des technologies de l'information sont très convoités en Espagne.

Étant donné l'importance du tourisme en Espagne, de nombreux parcours de tourisme et d'hôtellerie sont disponibles pour ceux qui souhaitent travailler dans ce domaine.

Les universités du territoire enseignent également les **sciences naturelles et environnementales** avec des matières variées telles que la biologie, l'écologie et les sciences de la terre.

Bien que chaque établissement, dans l'exercice de son autonomie, détermine les diplômes officiels qu'il souhaite dispenser, le gouvernement a mis en place un **tronc commun** pour chaque diplôme et chaque spécialisation. Ainsi, la formation suivie reste similaire dans l'ensemble des universités du territoire espagnol. Les trois quarts des matières et modules étudiés sont communs à tous les élèves qui suivent la même formation en Espagne.

Concernant les différentes spécialisations et les cursus spécifiques, les programmes académiques peuvent varier selon les universités. Par conséquent, **nous vous recommandons de vous rendre sur le site Internet de chaque université afin d'obtenir plus d'informations sur les programmes qui vous intéressent**.

Pour avoir une vision globale des parcours d'études qui existent en Espagne, les moteurs de recherche de diplômes suivants offrent des informations précises sur les universités et les offres de formations :

- **Le RUCT** (autrement dit « Registre des Universités, Centres et Diplômes » en français) est un registre public et administratif du *Ministerio de Universidades*, conçu comme un outil d'information continuellement mis à jour.
  https://www.educacion.gob.es/ruct/home

- **La QEDU** (*Qué Estudiar y Dónde en la Universidad*) est l'application créée par le *Ministerio de Universidades*, avec des données extraites du RUCT et *du Sistema Integrado de Información Universitaria* (SIIU)
  https://www.educacion.gob.es/notasdecorte/compBdDo

Les établissements du territoire offrent aussi plus de 800 diplômes dispensés totalement ou partiellement en anglais.

Licences en anglais : http://sepie.es/aplicaciones-web/i18n/html/tablagrados.html

Masters et doctorats en anglais :
http://sepie.es/aplicaciones-web/i18n/html/tablamasters.html

3. Les critères d'admission et les modalités d'inscription

Pour intégrer une université espagnole, les étudiants français doivent passer par une **série d'étapes importantes** telles que l'équivalence et l'homologation des diplômes, le Diplôme d'Espagnol comme Langue Étrangère (DELE) ou encore la « *nota de corte* ». À savoir que les **longs délais d'attente** peuvent s'avérer contraignants et stressants quant au respect des dates limites des inscriptions universitaires. Il est donc capital de **ne pas attendre le dernier moment** pour réaliser l'ensemble des démarches administratives.

Tout d'abord, au niveau baccalauréat il faut obtenir l'autorisation « *Credencial de Acceso* » qui sera reconnue partout en Espagne. Il existe plusieurs moyens pour l'acquérir. Un des moyens les plus simples est de vous adresser directement à *l'Universidad Nacional de Educación a Distancia,* **autrement dit l'UNED**. Cet organisme gouvernemental atteste l'équivalence de votre baccalauréat français avec le « bachiller » espagnol en vous transmettant cette fameuse autorisation qui donne accès aux universités en Espagne. Ce document légal est **obligatoire** pour tous les élèves qui ont étudié dans une école européenne ou qui ont obtenu le diplôme du baccalauréat international. La demande doit généralement être réalisée entre **février et novembre** auprès de l'UNED via leur site internet : https://accesoextranjeros.uned.es/home. Une fois l'attestation obtenue, vous devez encore franchir d'autres étapes administratives avant de pouvoir accéder aux premiers cycles universitaires espagnols.

Dans le but de faciliter l'admission des étudiants français au sein des universités espagnoles, les deux pays ont signé un **Accord International Administratif (AIA)** à l'occasion du Sommet franco-espagnol du 15 mars 2021. Cet Arrangement a permis la création d'une *grille de conversion des notes* obtenues au baccalauréat français pour correspondre au système espagnol d'entrée à l'université. Cette conversion s'applique donc à tous les bacheliers du système français qui souhaitent intégrer une université espagnole nécessitant une *note d'admission*. Afin de connaître l'équivalence officielle entre votre note du baccalauréat français et celle du baccalauréat espagnol, retrouvez ci-contre le tableau de conversion de l'Arrangement.

Figure 4 : Grille de conversion appliquée aux notes du baccalauréat français et espagnol

Mention	Notes du Baccalauréat français[1]	Formule de conversion
Aucune mention	De 10 à 11,99	(0,8372*note-3,3714)
Assez Bien	De 12 à 13,99	(0,502*note+0,6579)
Bien	De 14 à 15,99	(0,3719*note+2,479)
Très Bien	De 16 à 20	(0,394*note+2,123)

Source : Arrangement international administratif entre le ministère de l'Enseignement supérieur de la Recherche et de l'Innovation de la République française et le ministère des Universités du Royaume d'Espagne relatif à la promotion des programmes bilatéraux et à une plus grande mobilité des étudiants universitaires entre les deux pays, 2021.

Étant donné que les notes en Espagne sont calculées sur **10 points** (contrairement à 20 points en France), la note d'admission ne pourra pas dépasser la note maximale de 10 une fois le calcul de conversion effectué. À titre d'illustration, **un étudiant ayant obtenu une note finale de 16/20 au baccalauréat français, sa note d'admission sera égale à 8,427/10 pour son inscription au sein d'un établissement espagnol.** Cette accréditation figure sur le document « *Credencial de Acceso* » délivré par l'UNED.

À savoir que **deux solutions** existent pour améliorer sa note d'admission :
- Les Épreuves de Compétences Spécifiques,
- La reconnaissance de matières.

Concernant les **Épreuves de Compétences Spécifiques**, dites « *Pruebas de Competencias Específicas* ». Ces épreuves sont en lien avec le contenu des études envisagées et ne sont **pas à caractère obligatoire**. Le passage de ces épreuves est vivement recommandé lorsque le nombre de candidats est supérieur au quota de places disponibles. Chaque étudiant peut **repasser jusqu'à 6 matières**, chacune notée sur 10 points. Ensuite, les universités appliquent un **coefficient 0,1 ou 0,2** à chacune des notes et gardent uniquement les **deux meilleures notes**. Ainsi, ces examens permettent d'obtenir **jusqu'à 4 points supplémentaires** sur la note d'admission.

La seconde solution consiste à demander la reconnaissance des notes obtenues au baccalauréat français dans certaines disciplines. Vous pourrez retrouver la liste des disciplines du baccalauréat français dont la reconnaissance a la même valeur que la note obtenue aux Épreuves de Compétences Spécifiques à l'**annexe 2** de notre guide. Les matières validées sont cochées en vert. Cependant, restez prudent et pensez à vous renseigner en amont car **tous les établissements espagnols ne prennent pas en compte la reconnaissance de notes**.

À vrai dire, les PCE (Pruebas de Competencias Específicas) peuvent être considérées comme un baccalauréat en langue espagnol. Avec un programme différent du programme français, les chances qu'un étudiant étranger obtienne de bons résultats à ces examens sont très limitées, sauf si l'élève maîtrise parfaitement l'espagnol. **Dans la majorité des cas, recourir à la seconde option, c'est-à-dire faire reconnaître ses notes du baccalauréat sera bien plus efficace que passer les examens de PCE.** Évidemment, cela s'étudie au cas par cas.

Pour les BTS et les DUT français, les élèves doivent obtenir l'équivalence de leur diplôme avec le système d'enseignement supérieur espagnol. En effet, ces diplômes étrangers non disponibles en Espagne doivent être certifiés par le biais du processus d'« homologación » par le département espagnol de l'Éducation et de la Culture. Cette homologation permet aux diplômes d'enseignement supérieur délivrés par des institutions étrangères d'être reconnus comme niveaux universitaires officiels en Espagne.

Au niveau Licence/Master/Doctorat, **la réforme LMD permet de faire reconnaître vos diplômes sans problème d'équivalence**. Pour intégrer un master en Espagne, vous devez être titulaire d'une licence française (180 ECTS) ou d'un master 1 (240 ECTS) selon l'université. Pour entrer en doctorat, il faut avoir validé un diplôme de master ou un diplôme équivalent (300 ECTS). De ce fait, la sélection se fait sur dossier, avec un entretien également dans certaines écoles. Pour en savoir davantage, vous pouvez contacter le service des relations internationales de l'université espagnole de votre choix.

La maîtrise de la langue espagnole est aussi un critère essentiel pour votre admission au sein d'une université espagnole. En effet, la grande majorité des universités exigent un certain niveau linguistique afin d'être capable de suivre les cours dispensés. De ce fait, les étudiants doivent fréquemment fournir une certification de compétence linguistique, comme le DELE (Diplôme d'Espagnol comme Langue Étrangère) ou tout autre test reconnu, lors de leur inscription.

Concernant le DELE, ce dernier est **internationalement reconnu** et confirme de manière officielle le niveau de maîtrise et de connaissance de la langue espagnole d'un étudiant. Il est délivré par le ministère espagnol de l'Éducation, de la Culture et des Sports. L'Institut Cervantès est responsable de l'organisation des examens. L'université espagnole de Salamanque est, quant à elle, chargée de la création, de la correction et de la notation de l'ensemble des examens.

Six niveaux sont proposés : DELE A1 (débutant), DELE A2 (élémentaire), DELE B1 (pré-intermédiaire), DELE B2 (intermédiaire), DELE C1 (avancé) et DELE C2 (maîtrise). En général, les universités ne sont pas totalement fermées au fait d'accueillir des élèves avec un niveau plus faible et organisent plutôt des examens d'entrée. Cependant, les années d'expérience ont prouvé que les étudiants avec un bas niveau de connaissances en espagnol ne parviennent pas à suivre les cours sur le long terme. C'est pourquoi aujourd'hui, **la majorité des universités exigent que ses élèves possèdent au moins le niveau B1**. Dans certains cas, le DELE sera obligatoire, étant même éliminatoire si l'attestation ne peut pas être transmise lors de la sélection. Un dossier complet vous permettra de répondre à l'ensemble des critères d'admission et ainsi maximiser vos chances d'être accepté au sein de l'école.

Pour passer l'examen DELE, il faut se rendre dans les **Instituts Cervantès** situés dans les métropoles de **Paris, Lyon, Bordeaux et Toulouse**. Plusieurs dates sont ouvertes tout au long de l'année. Ces dates sont identiques à tous les centres d'examen DELE dans le monde. Cependant, il est important de savoir que l'ensemble des sessions ne propose pas nécessairement tous les niveaux d'examen. Faites également attention à la date limite d'inscription. **Pensez à vous inscrire à l'avance, les créneaux se complètent très vite.**

Selon les niveaux, les examens de DELE se divisent en quatre parties : compréhension écrite, expression et interaction écrites, compréhension auditive, expression et interaction orales.

À noter que ce diplôme est **payant**. Les frais d'examens DELE varient fréquemment selon les pays, les niveaux ainsi que les centres d'examens. De manière générale, les prix oscillent entre 100€ et 240€ en France en 2024, selon le niveau que vous choisirez. Pour obtenir plus d'informations, vous pouvez contacter directement le centre d'examen où vous souhaitez passer les épreuves.

Cependant, des **solutions alternatives** restent toujours disponibles. En effet, quelques universités proposent un test d'entrée spécifique pour les étrangers afin d'évaluer leurs connaissances et leur niveau de compétence dans la langue espagnole. Cela dépend de l'université et du programme d'études choisi.

Après avoir finalisé les démarches d'obtention du Credencial et du DELE, il faut passer à **l'étape fatidique** : se préinscrire dans l'université sélectionnée. Nous vous recommandons de le faire au **mois d'avril** pour la rentrée de septembre.

Les établissements espagnols sont ouverts à tous les étudiants **sans quota par nationalité**. Ainsi, la grande partie des universités disposent d'un processus d'inscription décliné en **deux étapes** : la pré-inscription destinée aux étudiants étrangers et l'inscription pour tous les étudiants.

L'inscription en première année s'effectue par l'intermédiaire de **l'Université Nationale d'Enseignement à Distance espagnole (UNED)**. Cet organisme est chargé du traitement des dossiers des nouveaux bacheliers. Une fois que vous aurez soumis la totalité des documents nécessaires et que votre demande aura été approuvée, vous recevrez un Credencial de Accesso dans une **période de trois mois**. Ce document sera à envoyer à l'université que vous souhaitez fréquenter. Lorsque l'université aura émis un avis favorable à votre candidature, vous recevrez une lettre d'acceptation.

Les **documents requis** pour candidater au sein d'une université espagnole dépendent non seulement du programme, de l'établissement, mais aussi du niveau du diplôme. Cependant, les documents les plus courants que vous pourriez être amené à fournir sont :

- Une copie de votre précédent diplôme certifié par l'ambassade d'Espagne,
- Une copie de vos relevés de notes des deux ou trois dernières années,
- Une copie de votre carte d'identité ou de votre passeport,
- Une copie de votre extrait de naissance,
- Un justificatif du règlement de la demande Credencial,
- Des documents médicaux et d'assurances,
- Des informations concernant les banques et les établissements de crédit en Espagne,
- Une preuve de moyens financiers ou de bourse d'études.

N'attendez pas la dernière minute pour fournir l'ensemble des documents nécessaires et **n'oubliez pas de faire appel à un traducteur assermenté** pour traduire l'ensemble de vos documents en espagnol. La transmission de pièces justificatives dans une langue étrangère peut ralentir la procédure d'inscription.

Partir faire ses études au sein d'une université publique espagnole nécessite souvent **une année de préparation** pour maîtriser la langue espagnole et/ou pour avoir tous les documents officiels et traduits avant la date limite.

De plus, la plupart des universités propose tout de même des procédures de candidatures en ligne pour les étudiants étrangers. **Pensez à bien vérifier les dates d'admission de votre université favorite.** Les inscriptions peuvent commencer dès le mois de janvier.

À savoir, chaque communauté autonome et même chaque université est libre de déterminer ses conditions d'admission comme elle l'entend. Les cas peuvent donc varier grandement d'un campus à l'autre du territoire espagnol. De manière générale, l'obtention du « *Bachillerato* » (Baccalauréat) et de la « *Prueba de Acceso* » déterminent l'accès à l'université. Cependant, il est donc possible que vous deviez d'abord faire valider vos qualifications ou également passer un examen d'entrée. **Renseignez-vous auprès de l'établissement d'enseignement supérieur si le passage d'examens spécifiques est nécessaire pour intégrer le programme de votre choix.**

!

La « *nota de corte* », ou autrement dit « note seuil » en français, est également un **concept important** à prendre en compte pour votre entrée dans le système universitaire public en Espagne.

Ce terme espagnol fait référence à la **note minimale exigée lors d'un concours ou d'un examen d'entrée pour accéder à une université ou un programme d'études donné**. Disponible sur le site Internet des universités, il est important de garder à l'esprit que cette note **diffère** d'une année à l'autre et est spécifique à chaque programme et université. En effet, il s'agit d'une note sur 14 points qui correspond à celle obtenue par le dernier étudiant admis l'année précédente. À vrai dire, elle est représentative de la **difficulté** de la formation et dépend de divers facteurs tels que la demande, le nombre de places vacantes ainsi que la performance des élèves aux examens.

Les cursus d'études très convoités détiennent généralement les « *notas de corte* » les plus hautes. Il est alors essentiel de **se renseigner en avance** sur ce sujet lors du choix de la formation afin de planifier votre préparation en conséquence.

Les étudiants sont classés en fonction de leurs notes d'examen *par ordre décroissant*. Les places sont accordées aux étudiants ayant obtenu les résultats les plus élevés jusqu'à ce que toutes les places soient occupées. Si un étudiant obtient une note supérieure ou égale à la « *nota de corte* » d'un programme d'études précis, il est admis.

Toutefois, un score insuffisant peut entraîner **l'exclusion** du programme ou le placement sur **liste d'attente** de l'étudiant selon la politique de l'université. Dans le cas où un candidat ne parvient, malheureusement pas, à intégrer les études de son choix, **plusieurs alternatives** peuvent être envisagées comme une réorientation vers une autre université ou un cursus moins sélectif.

Par exemple, la note de passage la plus élevée dans la ville de Valence pour l'année universitaire 2023-2024 était de 13,543/14 pour intégrer le double diplôme en physique et mathématiques à l'Universitat de València. Un candidat français ayant obtenu une moyenne de 12/20 au baccalauréat (soit 8,4/14) ne pouvait donc pas intégrer cette filière.

Cette note est déterminée pour chaque élève selon les résultats qu'il a obtenu au cours des **deux dernières années** d'études au lycée. Notez que le calcul de la « nota de corte » pour un étudiant français peut varier selon les spécificités de chaque université espagnole et du programme d'études choisi. Par conséquent, afin de connaître les conditions d'admission exactes et les modalités de calcul de la « *nota de corte* », il est primordial de se référer aux informations officielles de l'université espagnole concernée.

Les citoyens français qui souhaitent poursuivre des études en Espagne n'ont généralement pas à passer la « *selectividad* ». Désormais nommée « *Evaluación para el Acceso a la Universidad* » ou encore « *EvAU* », cet examen d'accès à l'université (composé des examens du PCE) est **uniquement pour les étudiants espagnols et pour les étudiants français qui souhaitent augmenter leur note** d'admission dans le but d'intégrer des écoles très sélectives.

Lors de votre inscription à l'université, il est capital de vérifier également que l'école dispose d'une approbation officielle de l'État espagnol pour proposer des cours conformément à l'acquisition ETCS. Cette autorisation permet aux étudiants d'acquérir un diplôme reconnu sur le marché national mais également sur le marché étranger. Pour cela, une mention est **obligatoire** sur les documents publicitaires ou informatifs et doit faire figurer « La Ley Organica de Universidades » ainsi qu'un numéro et une date qui rendent possible les vérifications sur le site du ministère espagnol de l'Éducation.

Si vous ne parvenez pas à trouver ces informations sur le site Internet de l'université en question ou dans les documents fournis par cette dernière, demandez-les et ne vous engagez pas tant que vous n'aurez pas reçu de réponse dans la mesure où, si vous n'obtenez pas un diplôme dit officiel, d'importants obstacles peuvent survenir dans votre vie professionnelle. En effet, vous n'aurez pas la capacité d'exercer **légalement** votre métier s'il s'agit d'un secteur réglementé (santé, architecture...). Cette démarche n'est donc pas à négliger.

En conclusion, il est essentiel de retenir que les critères d'admission et les modalités d'inscription peuvent **différer** en fonction des régions d'Espagne, des universités ainsi que des programmes d'études. Il est donc **vivement recommandé** de contacter l'université en question ou de consulter son site Internet afin d'obtenir des informations plus précises.

C) Les aspects pratiques de l'étude en Espagne

1. Les formalités administratives

Les citoyens français ainsi que les ressortissants de l'Union européenne, bénéficient des droits de libre circulation et de résidence dans les pays membres de l'UE, notamment l'Espagne, grâce aux accords de l'espace Schengen. De ce fait, les Français sont exemptés de l'obligation de visa pour étudier en Espagne. Cette dispense facilite grandement les démarches administratives des élèves français qui souhaitent suivre des études en Espagne.

Lors de votre arrivée en Espagne, votre **carte nationale d'identité** ou votre **passeport** français en cours de validité suffisent à prouver votre identité et votre citoyenneté européenne.

> À savoir : Les étudiants de pays non-membres de l'UE/EEE doivent obtenir un **visa** auprès de l'ambassade ou du consulat d'Espagne dans leur pays d'origine. Il existe **deux types** de visas : le visa de court séjour Schengen valable pour une durée de 90 jours au maximum et le visa étudiant valable pour un séjour dans le cadre des études qui excède 90 jours.

Bien qu'aucun visa ne soit requis pour les étudiants européens, **certaines démarches administratives spécifiques doivent être tout de même effectuées** afin de faciliter votre expérience en Espagne : l'obtention d'une accréditation, la demande d'un numéro d'identification étranger (NIE) et l'adhésion à une assurance maladie internationale.

En effet, il est nécessaire d'obtenir une accréditation, autrement dit la « *Credencial* », confirmant votre éligibilité à étudier en Espagne. C'est vers l'UNED qu'il faudra vous diriger pour obtenir cette accréditation (cf. page 44).

Ensuite, vous devez déposer une demande de Numéro d'Identification Étranger (NIE) auprès du consulat d'Espagne de votre lieu de résidence avant votre départ ou bien directement en Espagne au bureau de police le plus proche. Bien qu'il ne soit pas demandé par les universités, ce numéro d'identification fiscale est **nécessaire** pour vivre sur le territoire espagnol. Attribué aux étrangers, ce numéro est requis lors de diverses procédures administratives telles que l'ouverture d'un compte bancaire, la signature d'un contrat de location, la souscription d'une ligne téléphonique ou encore l'obtention de documents officiels certifiant vos études en Espagne. Ainsi, **le NIE est un document qui vous permet de séjourner légalement en Espagne pour une durée supérieure à 3 mois.**

Pour obtenir votre NIE, vous devez compléter le **formulaire EX-15** (disponible aux annexes 1.1 à 1.4). Ainsi que le **formulaire 790-012** à remplir obligatoirement en ligne : https://sede.policia.gob.es/Tasa790_012/ImpresoRellenar.

Plusieurs informations sont à fournir telles que votre numéro de passeport, un numéro de téléphone espagnol, votre domicile en Espagne (ou le cas échéant votre domicile du pays d'origine), l'adresse où recevoir le « Certificado de Registro de Ciudadano de la Unión Europea » et la raison de votre demande.

Un **guide** est disponible sur le site du ministère des Affaires Étrangères, Union Européenne et Coopération afin de vous faciliter le remplissage des deux formulaires obligatoires EX-15 et 790-012 :

https://www.exteriores.gob.es/Consulados/lyon/fr/ServiciosConsulares/PublishingImages/Paginas/Consular/NIE/NIE%20%20Guide%20de%20remplissage%20des%20formulaires%20EX-15%20et%20790- 012%20pas%20a%20pas.pdf

En 2024, la taxe pour l'obtention d'un Numéro d'Identification Étranger est de 9,84 €.

Pour obtenir de plus amples informations concernant cette démarche administrative essentielle, veuillez vous référer à la page 14 de notre guide.

Si vous envisagez de partir étudier en Espagne, il est conseillé de **souscrire quelques assurances** afin de garantir votre protection et votre santé tout au long de votre séjour. Les principales assurances à considérer sont notamment l'assurance santé, la responsabilité civile, l'assurance habitation et l'assurance voyage.

Il est primordial de souscrire une **assurance santé internationale** qui servira à couvrir la totalité des dépenses médicales en Espagne. Ainsi, vérifiez bien que votre contrat d'assurance comprenne une couverture **complète** qui inclut les soins médicaux, les hospitalisations et les médicaments. De plus, certains établissements universitaires espagnols disposent de systèmes d'assurance auxquels les étudiants peuvent adhérer. Il est aussi possible d'opter pour une **assurance complémentaire française** avant le départ.

À savoir que, l'Espagne étant un pays membre de l'Union européenne, la majorité des frais de santé sur place sont pris en charge par votre couverture sociale française grâce à votre Carte Européenne d'Assurance Maladie (CEAM). Pour cela, une seule et unique démarche est à effectuer : commander votre carte depuis votre compte Ameli avant de partir.

Il est également recommandé de contracter une **assurance responsabilité civile**, qui vous protègera en cas de dommages matériels et corporels causés accidentellement à un tiers. Cette dernière devra être effective pendant la totalité de vos études en Espagne mais également durant vos stages.

Si vous souhaitez louer un logement en Espagne (cf., page 17), il peut être judicieux d'avoir aussi une assurance habitation pour protéger vos biens personnels contre les dégradations, les vols et les imprévus.

Si vous prévoyez de voyager régulièrement entre la France et l'Espagne, vous pouvez conclure à une assurance voyage. Cette dernière vous indemnisera au niveau des annulations et des retards de vol, des bagages perdus, et bien d'autres.

Lisez **attentivement** les conditions et les limites de chaque contrat avant de souscrire à une assurance. De plus, n'hésitez pas à démarcher plusieurs compagnies pour **comparer** les offres qu'elles proposent et choisir celle qui correspond le mieux à vos besoins.

Grâce à l'ensemble de ces démarches, les étudiants français seront prêts pour leur expérience d'études en Espagne et ainsi tirer le meilleur parti de leur séjour universitaire.

2. Les coûts liés aux études

Le budget requis pour une année universitaire en Espagne peut **varier** en fonction de multiples critères tels que votre niveau d'études, votre établissement d'enseignement, votre programme universitaire, votre logement, votre style de vie mais également la destination. De manière générale, vous devrez faire face à cinq principaux coûts : les frais de scolarité, le logement, le coût de la vie, les fournitures d'études et l'assurance santé.

Tout d'abord, le montant des frais de scolarité diffère considérablement selon l'établissement sélectionné et le niveau d'études. Les ressortissants de l'Union bénéficient généralement de **frais de scolarité réduits** au sein des universités **publiques** espagnoles. Dans le secteur public, on estime que le coût d'un programme de premier cycle est compris entre 500 à 2000 euros par année universitaire. Tandis que les frais pour les programmes de troisième cycle (masters et doctorats) sont plus conséquents et peuvent fluctuer entre 1000 et 3500 euros par an.

Concernant les universités **privées**, ces dernières ne sont pas réglementées par le gouvernement et ont des frais d'inscription nettement plus élevés. De ce fait, les élèves doivent souvent supporter, eux-mêmes, le coût total de leur éducation. Ainsi, leurs dépenses de scolarité peuvent s'étendre de 3000 euros à environ 20 000 euros par an.

Veuillez noter que les frais de scolarité en Espagne sont établis en fonction du nombre de crédits qui composent chaque formation. **Les prix peuvent donc fluctuer grandement.** Par conséquent, nous vous encourageons vivement à **contacter** votre établissement préféré afin de connaître les frais de scolarité spécifiques qui s'appliquent à votre parcours. Pour obtenir plus d'informations, n'hésitez pas à parcourir le site Internet de l'université en question.

En plus des frais de scolarité, les étudiants doivent également payer des frais d'inscription. Ces frais peuvent aussi varier selon l'établissement mais, en général, ils restent tout de même inférieurs à 50 euros. Pour plus d'informations sur les frais de candidature, veuillez-vous tourner vers le bureau des admissions de votre université.

Les frais d'hébergement font également partie des principaux coûts que les étudiants doivent prendre en compte s'ils souhaitent poursuivre leurs études en Espagne. Le loyer **varie considérablement selon la ville et le type de logement** choisi. Les grandes villes comme Madrid et Barcelone ont tendance à avoir des loyers plus élevés que les autres régions. Les étudiants ont le choix entre **plusieurs options** : vivre en résidence universitaire, en colocation, en famille d'accueil ou encore louer un appartement individuel (voir partie sur les logements, page 17). Les résidences universitaires et les colocations peuvent s'avérer plus abordables pour un étudiant avec un budget serré. En effet, un loyer pour une chambre dans une colocation peut osciller entre 250 à 400 euros mensuels. Les résidences universitaires peuvent coûter approximativement entre 300 et 600 euros par mois selon les universités. Les familles d'accueil, solution souvent oubliée, proposent aussi des tarifs très attractifs. Tandis que les loyers des appartements individuels peuvent être plus conséquents en fonction de la superficie et de l'emplacement. Un loyer d'un studio en centre-ville en Espagne fluctue entre 600 et 800 euros mensuels et pour un studio en dehors de la ville entre 500 et 600 euros par mois en 2024.

Le coût de la vie en Espagne varie d'une région à l'autre mais est, généralement, considéré bas par rapport aux autres pays européens. En moyenne, le coût de la vie en Espagne en 2024 est **19 % moins important** qu'en France selon le site Combien Coûte. Les grandes villes sont souvent plus onéreuses que les zones rurales.

Les dépenses courantes telles que l'alimentation, les transports, l'énergie et les loisirs diffèrent également en fonction de l'endroit où vous vous expatriez. Selon votre mode de vie, vous devez prévoir entre 450 et 700 euros par mois pour couvrir l'ensemble de ces frais. Pour plus de précisions concernant le coût de la vie espagnol, référez-vous à la page 6.

Dans votre budget, vous devez également penser à inclure le coût du matériel d'études requis pour suivre votre formation. En effet, les livres et les fournitures scolaires peuvent représenter un coût supplémentaire selon le programme d'études que vous suivez et les exigences spécifiques de votre université. En moyenne, on considère que vous dépenserez approximativement 500 euros par an. À savoir qu'il existe des **alternatives** si vous souhaitez économiser de l'argent sans compromettre votre réussite scolaire. Énormément d'anciens étudiants vendent leurs manuels scolaires à moindre coût sur des **sites d'occasion** tels que « *Milanuncios* ». C'est un excellent moyen pour faire de bonnes affaires et préserver votre portefeuille d'étudiant.

Bien que les étudiants français bénéficient du système de santé public espagnol en demandant la Carte Européenne d'Assurance Maladie (CEAM), ils peuvent également avoir besoin de souscrire une assurance médicale privée pour profiter d'une protection supplémentaire durant leur séjour. Les assurances complémentaires sont disponibles auprès de nombreux organismes d'assurances, et même auprès des banques. Les tarifs dépendent de la compagnie d'assurance et du type de couverture que vous choisissez. Comptez globalement entre 300 et 1000 euros par an pour obtenir une couverture complète des frais de santé, des frais d'hospitalisation et une assistance rapatriement.

Compte tenu de l'ensemble de ces facteurs, le **budget annuel approximatif** d'un étudiant français souhaitant étudier dans le système public espagnol pourrait être compris entre **8 000 et 20 000 €**. En revanche, le budget d'un étudiant français fréquentant une université privée espagnole varie entre **10 000 € et 37 000 €** par an.

Cependant, il est important de noter que ces chiffres sont uniquement donnés **à titre indicatif** et peuvent varier considérablement en fonction des circonstances et des choix individuels. Avant d'entreprendre toute démarche, **il est recommandé de procéder à une estimation précise de vos besoins** et de consulter les informations fournies par l'établissement que vous souhaitez fréquenter.

3. Les bourses et les aides financières

En tant que citoyen français, il existe un **grand nombre de bourses et d'aides financières** auxquelles vous pouvez prétendre pour réaliser vos études en Espagne. En effet, les aides financières à demander en Espagne sont nombreuses et comprennent notamment :

- La bourse Erasmus+ qui offre des bourses de mobilité aux étudiants de l'Union européenne souhaitant poursuivre leurs études sur le territoire espagnol dans le cadre d'un accord universitaire entre leur université d'origine et une université espagnole durant une période déterminée.
- La bourse Avenir qui est une bourse destinée aux élèves ayant obtenu le Bachibac ou venant d'une section internationale espagnole.

Certaines fondations privées peuvent également octroyer un soutien financier aux élèves réalisant leurs études à l'étranger comme **la Fondation Smerra, la Fondation Kenza, la Fondation Rotary, l'AFFDU, la FIFDU, la Fondation Cetelem**, et bien d'autres.

Le Conseil Général et les Conseils Régionaux proposent, eux-aussi, des programmes d'aide financière pour étudier à l'étranger, avec ou sans condition de ressources, en fonction de votre lieu de résidence.

Des prêts étudiants peuvent également être souscrits pour financer vos études en Espagne. Les banques et les institutions financières françaises offrent fréquemment des prêts avec des conditions de remboursement adaptées aux étudiants.

Pensez également à vous informer sur les bourses espagnoles auxquelles vous pouvez candidater en tant qu'étudiant international.

Le *Ministerio de Educación y Formación Profesional* octroie des bourses pour les étudiants régulièrement inscrits dans l'enseignement supérieur espagnol.
La liste des bourses est disponible ici : https://www.educacionyfp.gob.es/servicios-al-ciudadano/catalogo/organizaciones-fundaciones-empresas/ayudas-subvenciones.html.

Des bourses d'excellence académique sont également offertes aux étudiants avec les meilleurs résultats dans le but de gratifier le travail fourni et de permettre aux élèves en situation de difficulté financière de poursuivre leur scolarité. Ces bourses peuvent représenter un atout considérable étant donné que la totalité des frais de scolarité peuvent être couverts par cette dernière. En général, les établissements les plus prestigieux sont ceux qui accordent les bourses les plus conséquentes puisqu'ils ont le budget nécessaire.

Le *Consejo Superior de Investigaciones Científicas* (CSIC) ou la *Fundación Carolina* proposent des bourses pour les étudiants intéressés par la recherche universitaire en Espagne. Ces bourses sont majoritairement destinées aux diplômés et aux chercheurs.

En Espagne, de nombreuses universités accordent des bourses spéciales pour les étudiants internationaux, y compris pour les étudiants français. Ces aides peuvent être données sur la base du mérite, des besoins financiers de l'étudiant ou des critères plus spécifiques liés à un domaine d'études. Contactez l'université espagnole qui vous intéresse pour connaître les bourses disponibles.

Certaines régions et municipalités espagnoles offrent également des aides financières et des bourses d'études pour promouvoir l'éducation dans le secteur. Les conditions et les critères peuvent varier d'une communauté à une autre, il est donc préférable de se renseigner auprès des institutions locales.

À noter que la démarche pour effectuer une demande de bourse n'est pas chose aisée, peut s'avérer **fastidieuse** et **nécessiter énormément de temps et de documentation**. En effet, de multiples justificatifs vous seront demandés tels que votre pièce d'identité, vos relevés de notes, votre curriculum vitæ ou encore une lettre de motivation. Assurez-vous d'avoir les documents nécessaires à portée de main et de bien adapter votre lettre de motivation aux exigences de chaque programme. Il est aussi possible que vous deviez participer à des entretiens en visioconférence avec les comités universitaires afin de juger de l'attribution ou non d'une aide financière.

Il convient de garder à l'esprit que les critères à remplir pour postuler à ces aides financières, leur montant et les dates butoirs **diffèrent** selon les institutions. Pour obtenir plus de précisions, il est judicieux de se rapprocher des entités concernées et des établissements universitaires.

Dans l'idéal, n'hésitez pas à **postuler à un maximum de bourses** qui correspondent à votre situation afin de mettre toutes les chances de votre côté.

Sachez également que les bourses sont accordées selon certaines conditions. **En acceptant une bourse, vous acceptez de respecter les conditions énoncées durant l'intégralité du financement. Ne pas le faire peut entraîner l'annulation de** votre bourse.

De plus, **entreprendre un projet d'études à l'étranger en comptant à 100% sur les aides et les bourses des institutions est fortement déconseillé.** Avoir des économies personnelles ou un prêt étudiant est **essentiel** en cas d'imprévus.

D) Les 10 points essentiels à retenir pour étudier en Espagne

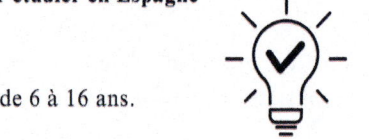

1 En Espagne, la scolarité est **obligatoire** de 6 à 16 ans.

2 L'autorisation « *Credencial de Acceso* » est **nécessaire** pour accéder aux universités espagnoles.

3 Les documents officiels d'inscription à l'université doivent être **certifiés** par des traducteurs assermentés.

4 Il n'est **pas nécessaire** pour les citoyens français d'obtenir un visa pour venir étudier en Espagne.

5 Le NIE est **indispensable** pour réaliser les démarches de la vie quotidienne en Espagne.

6 Il faut réaliser une demande de **Carte Européenne d'Assurance Maladie (CEAM)** avant votre départ.

7 Les universités publiques espagnoles ne sont **pas « quasiment gratuites »** comme en France.

8 Les licences sont généralement d'une durée de **4 ans** en Espagne, contre 3 ans en France.

9 Compter uniquement sur les aides et les bourses universitaires pour subvenir à l'ensemble de vos dépenses en Espagne est **totalement contre-indiqué**.

10 Contactez toujours **l'institution compétente** pour obtenir des informations récentes et fiables.

III. Travailler en Espagne

A) Le marché du travail espagnol **61**
  1. Le marché de l'emploi espagnol : chiffres clés et évolution récente **61**
  2. Les secteurs d'activité qui recrutent **63**

B) Les spécificités du droit du travail en Espagne **65**
  1. Les différents types de contrats de travail et les modalités d'embauche ... **65**
  2. Les conditions de travail **70**

C) Les démarches administratives pour travailler en Espagne **74**
  1. Les différentes formalités à réaliser **74**
  2. Les étapes pour s'affilier à la sécurité sociale **76**
  3. La reconnaissance des diplômes étrangers **79**
  4. La fiscalité pour les travailleurs **83**

D) Les conseils d'intégration professionnelle pour les travailleurs étrangers ... **89**
  1. Les méthodes et les outils pour chercher un emploi **89**
  2. Les conseils pour rédiger un curriculum vitae et une lettre de motivation adaptés au marché de l'emploi espagnol ... **92**
  3. Les spécificités culturelles et sociales **95**

E) Les 10 points essentiels à retenir pour travailler en Espagne **97**

De plus en plus de citoyens français choisissent l'Espagne pour poursuivre leur carrière professionnelle. En effet, déménager dans un **pays ensoleillé** présente de nombreux avantages. Le climat favorable, la diversité des paysages et le rythme de vie espagnol rendront votre journée de travail encore plus **agréable**.

Avant de déménager en Espagne, il est important de commencer vos recherches et de vous renseigner sur le marché du travail, les conditions de travail, les formalités administratives et les possibilités de candidature. Les processus de recherche et de recrutement peuvent prendre du temps. Si vous êtes déjà en Espagne, le fait de gérer simultanément le déménagement, l'administration, l'adaptation à votre nouvel environnement et la recherche d'emploi peut constituer une grande pression. Avoir un contrat de travail ou une promesse d'emploi en amont **facilitera grandement** votre expatriation.

A) Le marché du travail espagnol

1. Le marché de l'emploi espagnol : chiffres clés et évolution récente

L'Espagne est considérée comme la quatrième économie de l'Union européenne et la quatorzième économie mondiale en termes de Produit Intérieur Brut (PIB) nominal. Ces dernières années le pays a connu une tendance expansionniste avec une importante croissance du PIB, notamment grâce à la demande intérieure et extérieure.

Début 2020, l'Espagne était dans une phase de croissance positive depuis plus de 5 ans, lui donnant des assises plus solides que lors des cycles précédents et surpassant la moyenne européenne. L'impact de la crise sanitaire de la Covid-19 et les mesures prises pour la contenir ont bouleversé le paysage économique, entraînant une baisse historique de **10,8 %** du PIB.

À la suite de la pandémie, la situation du marché du travail européen s'est progressivement améliorée au cours de l'année 2021. Le PIB a connu une augmentation de **5,3 %** dans la zone euro et de **5,4 %** dans l'UE-27, et l'emploi a progressé de **1,1 %** dans la zone euro et de **1,2 %** dans l'UE, selon Eurostat.

Compte tenu des estimations de l'Enquête sur la Population Active (EPA), l'année 2021 s'achève sur une note positive pour le marché du travail espagnol après une forte baisse l'année précédente.

Durant l'année 2021, l'emploi a augmenté de 841 000, ramenant les niveaux d'emploi aux niveaux précédents la pandémie. Malgré une baisse constante tout au long de l'année avec un nombre de chômeurs baissant de 616 000 et un taux de chômage à **13,3 %**, le pays reste celui avec le **taux de chômage le plus élevé** de l'Union européenne.

Au cours de l'année 2022, l'économie a quelque peu ralenti en raison de la guerre en Ukraine et de la flambée des prix de l'énergie. Selon les données avancées des comptes nationaux trimestriels espagnols, le PIB devrait connaître une hausse trimestrielle de **0,2 %** pour le quatrième trimestre de l'année 2022.

L'emploi (exprimé en équivalent temps plein) a progressé de **2,0 %** sur un an et représente la **création de 386 000 emplois** au cours de l'année écoulée. Ce chiffre dépasse la croissance de la population occupée et les heures de travail se redressent progressivement en augmentant de **2,7 %** par rapport à l'année précédente.

Sur le plan national, **l'emploi croît dans huit communautés autonomes**, en particulier dans les îles Canaries. Quant au chômage, celui-ci baisse dans cinq communautés autonomes, notamment dans la région de Murcie (février 2023).

Il convient de noter qu'au quatrième trimestre 2022, nous assistons à une **augmentation importante du nombre d'étrangers** présents en Espagne. En effet, la population active est composée de 3 304 800 étrangers, soit 209 900 de plus qu'un an auparavant et 78 400 de plus qu'au trimestre précédent. La population active étrangère ne cesse de croître puisqu'elle connaît une croissance annuelle de **6,8 %**.

De plus, il est intéressant de souligner que les travailleurs étrangers forment le groupe de travailleurs **le plus dynamique** sur le marché espagnol ces dernières années. Par exemple, l'emploi de la population étrangère a augmenté de **2,1 %** au quatrième trimestre 2022 par rapport au troisième trimestre 2022. Dans le même temps, l'emploi pour la population espagnole a, au contraire, chuté de **– 0,8 %**. Pour résumer, au niveau annuel en 2022, l'emploi des étrangers a connu une hausse de **240 300 postes**, soit **+ 9,8 %** alors que l'emploi des Espagnols a seulement augmenté de **0,2 %**.

Au deuxième trimestre 2023, l'économie espagnole a créé plus de **600 000** emplois, abaissant ainsi le taux de chômage à **11,6 %**, son **niveau le plus bas depuis l'été 2008**, année qui a marqué le début de la crise des subprimes. En fin d'année, l'Espagne comptait **21,25** millions d'emplois, soit **783 000** de plus qu'en 2022, principalement grâce au secteur des services, incluant le tourisme, qui a ajouté **629 200** emplois. Cette dynamique marque une nette amélioration du marché du travail espagnol et représente une véritable opportunité pour les étrangers qui souhaitent s'installer sur le territoire.

D'après la Banque d'Espagne, le taux de chômage devrait rester stable durant la période 2023-2025 en s'établissant à **12,5 %** environ. Cependant, le nombre d'heures travaillées devrait augmenter de **1,6 %** en 2024 et de **1,1 %** en 2025. Le chômage n'a cessé de baisser depuis 2020 et se situe en deçà du niveau pré-Covid.

Par ailleurs, le gouvernement espagnol a augmenté le salaire minimum à **1 134 euros bruts** par mois en 2024.

2. Les secteurs d'activité qui recrutent

En tant qu'expatrié français, il existe un **certain nombre de secteurs** dans lesquels il est probable que vous trouviez rapidement un emploi sur le territoire espagnol.

L'Espagne est un pays où le tourisme est considéré comme l'un des piliers économiques. Candidater à des emplois dans les **secteurs de l'hôtellerie, du tourisme ou de la restauration** est un **excellent moyen** d'obtenir un travail en haute saison. Parler couramment une autre langue vous donne également un avantage considérable par rapport aux autres candidats.

Le **domaine de l'enseignement** est aussi un bon moyen de débuter sa carrière en tant que français en Espagne. En effet, les métiers comme **professeur d'école ou de cours à domicile des langues étrangères** sont très prisés. Un expatrié pourra donner des cours de français (d'anglais ou autre) aux élèves espagnols.

L'essor des technologies numériques et le manque d'attrait des jeunes pour certains métiers traditionnels entraînent également des pénuries de main-d'œuvre dans certains secteurs de l'économie. Selon l'observatoire du Service Public de l'Emploi de l'État espagnol (SEPE), les **secteurs les plus en tension** en Espagne comprennent le **domaine de la construction, du bâtiment et des travaux publics, des transports et de la logistique**, ainsi que le **secteur des soins hospitaliers ou à domicile**.

Les offres d'emploi sur les sites espagnols montrent également l'émergence des métiers du numérique tels que les **spécialistes de l'intelligence artificielle (IA), les spécialistes du big data, les spécialistes de la cybersécurité et les ingénieurs en robotique**. Ce **secteur des nouvelles technologies et de l'informatique** est donc un domaine d'activité que les étrangers en recherche d'emploi peuvent cibler.

De plus, l'augmentation des achats en ligne a propulsé les métiers de la logistique au rang des métiers les plus recherchés. Les entreprises ont besoin de collaborateurs pour travailler dans les entrepôts de stockage de e-commerce et traiter les commandes. Ainsi, les métiers de **magasinier, préparateur de commandes et de livreur** sont particulièrement sollicités.

Les centres d'appels sont également une **excellente opportunité** pour les francophones. De plus en plus d'entreprises recherchent des téléopérateurs de langue étrangère pour couvrir l'ensemble de leur clientèle.

Le pays étant très engagé dans la transition énergétique et le développement des énergies renouvelables, les professionnels de ce secteur sont également très recherchés. Les opportunités de travail en Espagne comprennent **l'installation de panneaux solaires, l'énergie éolienne et la biomasse**.

Enfin, l'Espagne est **l'un des plus grands producteurs agricoles d'Europe** et propose également des contrats temporaires dans le secteur agricole. Bien que ce type d'emploi soit très précaire et mal rémunéré, il est possible pour les expatriés de trouver du travail dans ce domaine.

Il convient de noter que la majorité des opportunités professionnelles sont concentrées dans les **grandes villes** du pays où le marché du travail est particulièrement **compétitif** et les candidats **nombreux**.

Du fait de leur dynamisme et de leur essor économique, **Madrid, Barcelone et Valence sont considérées comme les trois villes qui recrutent le plus grand nombre de travailleurs étrangers chaque année.** Concernant les métiers du secteur du tourisme, de l'hôtellerie et de la restauration, les zones côtières espagnoles telles que la Costa Blanca et la Costa Del Sol s'avèrent être les plus prometteuses durant la saison touristique.

B) Les spécificités du droit du travail en Espagne

Le Royaume d'Espagne bénéficie d'un système juridique du travail qui se différencie par ses **spécificités** et ses **caractéristiques uniques**. Le droit du travail espagnol est régi par un ensemble de lois, de règlements et de conventions collectives visant à protéger les droits des travailleurs et à réglementer la relation entre l'employeur et l'employé. Plus précisément, le droit du travail espagnol est édicté au niveau national par un ensemble de lois et de décrets relatifs à l'emploi qui constitue le « *Guía Laboral* », autrement dit le « guide du travail » en français, disponible sur le site du ministère du Travail et de l'Économie sociale. De plus, les conditions de travail sont administrées par le statut des travailleurs (*Estatuto de los Trabajadores*). Il s'agit du code législatif applicable aux salariés et constitue également la base minimale législative du droit du travail espagnol. Ces conditions de travail sont finalement approuvées par le *Real Decreto Legislativo*.

Globalement, le droit du travail espagnol est caractérisé par l'impact non-négligeable de la **négociation collective**, la forte distinction des **contrats à durée indéterminée** et des **contrats à durée déterminée** ainsi que la **protection des droits fondamentaux des travailleurs**. Les récentes réformes démontrent l'engagement profond de l'État espagnol à s'adapter aux défis économiques tout en protégeant les droits des travailleurs.

La réforme du travail de 2022 a entraîné des **modifications conséquentes** du statut des travailleurs et des différents types de contrats en Espagne, en incitant aux contrats à durée indéterminée.

1. Les différents types de contrats de travail et les modalités d'embauche

Bien que le système espagnol soit très similaire au système français, certaines particularités doivent être prises en compte avant d'envisager de s'expatrier en Espagne. En effet, il existe une multitude de contrats de travail avec différentes caractéristiques. Il est donc essentiel de connaître l'ensemble des détails afin de faire le meilleur choix pour son avenir professionnel.

Selon le Service Public d'Emploi de l'État espagnol, il est considéré :

> Qu'il existe un contrat de travail lorsqu'il existe un accord entre l'entreprise et le travailleur par lequel il réalise une prestation de services sous la direction et l'organisation de celle-ci, en échange d'une rémunération économique.

En Espagne, les contrats de travail peuvent être **écrits ou verbaux**, bien que cette dernière forme soit rare. Actuellement, l'unique contrat oral accepté est celui qui concerne les contrats pour accroissement temporaire d'activité de moins de 4 semaines.

Il existe **5 principaux types de contrats de travail** : à durée indéterminée, à durée déterminée, à temps partiel, de stage, d'apprentissage et de formation.

Pour les salariés en quête de stabilité, le contrat à durée indéterminée (CDI) est le but ultime. Équivalent du CDI français, ce contrat est appelé « *contrato fijo* » ou « *contrato indefinido* » en Espagne. Il s'agit d'un contrat permanent, ce qui signifie qu'aucune limite temporelle n'a été préalablement fixée. Le contrat de travail à durée indéterminée peut être conclu à temps plein ou à temps partiel.

Nous différencions le contrat à durée indéterminée discontinu dit « *contrato fijo discontinuo* » et le contrat de remplacement nommé « *contrato de relevo* ».

Concernant le contrat à durée indéterminée discontinu, il s'agit d'un contrat réalisé dans le cadre du **volume normal d'activité** de l'entité et est utilisé pour l'**exécution ponctuelle** d'une tâche qui **se répète d'une année sur l'autre**. Les salariés peuvent travailler simultanément pour d'autres entreprises à moins qu'ils ne soient considérés comme des concurrents déloyaux ou que l'employé ait signé un accord d'exclusivité avec la société.

Le contrat de remplacement est, quant à lui, un contrat destiné à **remplacer les collaborateurs retraités** d'une entreprise. Les travailleurs de remplacement « *relevistas* » prennent donc la place des travailleurs « *sustituidos* » qui partent partiellement à la retraite. Le travailleur en question doit être un salarié de l'entité en contrat à durée déterminée ou bien être au chômage pour pouvoir profiter de cette opportunité. À noter que la réduction du temps de travail du futur retraité doit être au minimum de **25 %** et ne doit pas dépasser **75 %** de son temps de travail. Si la réduction est égale à **75 %**, le contrat est à temps plein, sinon il s'agit d'un contrat à temps partiel.

Bien qu'il soit plus stable que le CDD, le CDI en Espagne peut être rompu par l'entreprise. Dans ce cas, le salarié doit être indemnisé de **20 jours** de paie par année travaillée pour les licenciements collectifs, **33 jours** dans le cadre d'un licenciement abusif pour un contrat signé après le 12/02/2012, **45 jours** si le contrat a été conclu avant le 12/02/2012.

Si le contrat est rompu après un an au sein de la société, les deux parties ont le droit de mettre fin au contrat en respectant un préavis minimum de **15 jours**. Si l'ancienneté du contrat est inférieure à un an, le délai de préavis repose sur la **convention collective**.

Les **contrats à durée déterminée** communément appelés « *contrato temporal* » ou « *contrato definido* » constituent un autre grand type de contrat en Espagne. Plus précisément, il s'agit d'un contrat dans lequel l'employeur et l'employé conviennent d'une date de fin.

Selon le Service Public de l'Emploi de l'État espagnol (SEPE) :

> Les travailleurs qui, au cours d'une période de vingt-quatre mois, ont été engagés **plus de dix-huit mois**, avec ou sans interruption, pour le même travail ou un travail différent auprès de la même entreprise ou du même groupe d'entreprises, au moyen de **deux contrats ou plus** en raison de circonstances de production, directement ou par l'intermédiaire d'entreprises de travail temporaire, **acquièrent le statut de travailleur permanent**.

Les employés espagnols sous contrat à durée déterminée **jouissent des mêmes droits et devoirs** que les autres travailleurs de l'entité. De ce fait, pour suspendre un contrat après un an dans l'entreprise, l'employeur et l'employé peuvent mettre un terme au contrat avec un préavis de **15 jours** au minimum. Si cette rupture concerne un contrat d'une durée inférieure à un an dans l'entreprise, la durée du préavis résulte de la **convention collective**.

Le **contrat à temps partiel** « *tiempo parcial* » peut être à durée indéterminée ou déterminée. Il s'agit d'un contrat dans lequel un salarié travaille moins d'heures par semaine qu'un contrat à temps plein. Le contrat à temps partiel doit spécifier par écrit le nombre d'heures de travail hebdomadaires, mensuelles ou journalières ainsi que la répartition de ces heures.

L'ensemble des contrats peut inclure des **périodes d'essai allant jusqu'à 6 mois pour les techniciens qualifiés et jusqu'à 2 mois pour les autres employés**. Pendant cette période, le travailleur a les mêmes droits et obligations que tout autre salarié. De plus, les deux parties (employeur et employé) peuvent mettre fin à la relation de travail **sans donner de motif, sans préavis ni indemnité**. La période d'essai est prise en compte dans le calcul de l'ancienneté.

À savoir, **le contrat de travail «** *obra y servicio determinado* **» tant utilisé en Espagne, n'est actuellement plus d'actualité**. Ce contrat populaire qui n'avait pas de durée déterminée au moment de l'accord entre les parties a été abrogé sur le territoire espagnol par le décret-loi 32/2021 du 28 décembre. Ces dernières années, ce contrat représentait environ **40 %** de l'emploi en Espagne. L'État a alors mis en œuvre des mesures urgentes de réforme du travail pour garantir la stabilité de l'emploi et la transformation du marché du travail. C'est ainsi que le contrat de travail et de service a disparu en Espagne. **Depuis le 31/03/2023, ce type de contrat n'est plus reconnu légalement sur le marché espagnol**.

En Espagne, des contrats de formation coexistent également : **les contrats de stage** et les **contrats d'apprentissage**.

Tout d'abord, il est important de savoir que deux types de contrats de stage existent sur le territoire espagnol. Le premier est appelé « *contrato de trabajo en prácticas* ». Il est **l'un des contrats temporaires les plus utilisés** par les entreprises espagnoles pour recruter des jeunes récemment diplômés. Ce contrat de stage s'adresse aux personnes déjà **titulaires d'un diplôme universitaire** et qui souhaitent acquérir une expérience professionnelle. Les missions réalisées doivent permettre l'acquisition de connaissances pratiques adaptées au niveau d'études.

Sa durée minimale est fixée à **6 mois** et sa durée maximale à **2 ans**. Le contrat de stage est destiné aux jeunes diplômés de **moins de 30 ans** et doit s'effectuer dans les **5 ans** (ou 7 ans en cas d'invalidité) suivant l'obtention du diplôme.

La rémunération du travailleur correspond à celle stipulée dans la convention collective pour les stagiaires. Par défaut, la rémunération ne peut être inférieure à **60%** la première année et à **75%** la deuxième année du salaire fixé dans la convention pour les salariés exerçant des fonctions identiques ou équivalentes. Les stagiaires bénéficient également de toutes les prestations de sécurité sociale.

Le deuxième type de contrat de stage que vous pouvez rencontrer est le « *beca de prácticas* ». Celui-ci correspond à un stage effectué dans le cadre d'une **formation universitaire ou professionnelle**. Ces contrats ont pour but de permettre aux étudiants d'entrer dans le monde du travail et de se former au cours de leur scolarité. Le *beca de prácticas* est réalisé sous **convention signée** entre les trois parties (l'étudiant, l'université et l'entreprise d'accueil). En Espagne, ce stage sous convention n'a pas de réglementation particulière concernant la rémunération minimum accordée. C'est donc à l'entreprise de définir les indemnités qu'elle est prête à verser au stagiaire.

Les démarches administratives pour un stagiaire français qui souhaite effectuer un stage en Espagne dans le cadre de son cursus universitaire sont très simples : la signature de la convention, l'obtention d'un NIE, de la Carte Européenne d'Assurance Maladie (CEAM) et d'une assurance de responsabilité civile valable dans l'UE.

Concernant le contrat de formation et d'apprentissage nommé « *contrato para la formación y el aprendizaje* » en espagnol, ce type de contrat vise à permettre aux jeunes de **bénéficier d'une formation tout en signant un contrat de travail et en percevant un salaire**. Ces contrats d'apprentissage s'adressent aux individus âgés de 16 à 25 ans qui ne disposent pas de qualifications professionnelles reconnues par le système et qui n'ont pas la capacité d'exécuter un contrat de travail. Cependant, quand il s'agit de contrats conclus avec les étudiants, il n'y a pas de limite d'âge.

La durée légale de ce type de contrat est comprise entre 1 et 3 ans. Parfois, les conventions collectives peuvent tout de même prévoir une période minimale de 6 mois. De manière générale, la durée effective du travail ne doit pas dépasser 75 % de la journée de travail légale la première année et 85 % la deuxième et la troisième année.

L'employeur est tenu de verser aux jeunes travailleurs au moins 75 % du salaire minimum interprofessionnel espagnol (SMI) la première année et 85 % minimum la deuxième et troisième année.

Pour conclure un contrat de travail, certaines conditions doivent être remplies. En effet, **un contrat de travail espagnol doit contenir les éléments suivants** :

- L'identité de l'entreprise et du travailleur,
- Le siège de l'entreprise et du lieu de travail du travailleur,
- Le type de contrat,
- La catégorie ou groupe professionnel de l'emploi,
- La date d'entrée en fonction,
- La durée des journées de travail,
- Le salaire de base et les compléments de salaire,
- Le moyen de paiement du salaire,
- La fréquence de versement du salaire,
- La durée des congés et leur répartition,
- Les jours fériés et leur détermination,
- Le délai de préavis en cas de rupture du contrat,
- La convention collective applicable.

Il est essentiel de préciser que **chaque contrat dispose de ses propres caractéristiques** en termes de droits, d'obligations, d'avantages et également de conditions de travail. Les éléments exacts du contrat peuvent aussi différer selon la convention collective applicable. Nous vous conseillons de vous référer aux informations spécifiques fournies par le ministère du Travail espagnol ou de demander un avis juridique.

2. Les conditions de travail

En Espagne, l'âge minimum légal pour entrer sur le marché du travail est de **16 ans**. L'autorisation écrite d'un parent ou d'un tuteur est **obligatoire** pour exercer un emploi entre 16 et 18 ans.

Toutefois, aucun individu âgé de moins de 18 ans (même avec l'approbation d'un responsable légal) ne peut travailler de **nuit**, faire des **heures supplémentaires** ou réaliser une activité définie par le gouvernement comme **pénible**, **insalubre**, **dangereuse** ou **nocive**.

Dans certains cas exceptionnels et avec l'autorisation écrite préalable de l'inspecteur du travail, les mineurs de moins de 16 ans peuvent travailler dans les spectacles publics à condition qu'ils ne mettent pas en danger leur santé et leur éducation.

Les personnes physiques âgées de plus de 18 ans, les individus légalement émancipés (ou avec le consentement de leurs parents ou de leurs tuteurs) âgés entre 16 ans et 18 ans ainsi que les ressortissants étrangers ont la **capacité de devenir chef d'entreprise et d'employer des travailleurs** selon la législation applicable.

Chaque année, le gouvernement fixe par décret royal un **Salaire Minimum Interprofessionnel** (SMI). Il s'agit de la **rémunération minimale** versée aux travailleurs de l'ensemble des secteurs (agriculture, industrie et services) pour une journée légale de travail, **sans distinction** de sexe, d'âge et de type de contrat. Par conséquent, il est illégal d'embaucher des individus pour moins que le salaire minimum.

Le Bulletin Officiel de l'État espagnol (BOE) a publié le décret royal 145/2024 du 7 février, fixant le montant du salaire minimum interprofessionnel, pour 2024, à **1 134 euros bruts par mois** (soit 37,8 euros par jour) en 14 versements, jusqu'à 15 876 euros bruts par an. Par rapport au SMI de 2023, cela représente une augmentation de **5 %**.

L'arrêté royal fixe aussi un salaire minimum de **53,71 euros par jour** pour les **travailleurs temporaires et saisonniers** dont la période d'emploi au sein d'une même entreprise ne dépasse pas 120 jours. Le salaire horaire minimum pour les **travailleurs domestiques** est, quant à lui, établit à **8,87 euros par heure** effectivement travaillée.

Les salaires sont communément versés **mensuellement** à des intervalles n'excédant pas un mois. Les employeurs doivent fournir aux travailleurs un **bulletin de salaire** où sont mentionnés clairement les coordonnées de l'entreprise et de l'employé, le montant du salaire et les déductions correspondantes telles que l'impôt sur le revenu des personnes physiques et la contribution aux cotisations de sécurité sociale.

En effet, les employeurs doivent **contribuer à la sécurité sociale** de leurs employés afin que ces derniers puissent profiter de soins de santé, de pensions de retraite, d'allocations de chômage et d'autres avantages sociaux.

La durée du temps de travail est stipulée dans le contrat de travail et doit respecter la limite fixée par la convention collective. En tout état de cause, la moyenne annuelle ne doit pas être supérieure à **40 heures par semaine**.

En règle générale, les **horaires de travail** en Espagne s'étendent de 9h00 à 21h00, du lundi au vendredi. Cette grande plage horaire s'explique par le fait que certaines entreprises pratiquent encore les **longues pauses déjeuner espagnoles** de 14h00 à 17h00. Néanmoins, depuis quelques années, le gouvernement a mis en place des mesures pour dissoudre de manière progressive ces longues pauses propres aux Espagnols. C'est pourquoi, au sein de nombreuses entreprises internationales, les horaires de travail sont similaires au reste de l'Europe avec une pause déjeuner d'une heure.

À savoir que le **temps de travail journalier** ne doit pas dépasser 9 heures (sauf disposition contraire dans la convention collective ou accord entre l'entreprise et les représentants des salariés) et doit inclure une **période de repos** de 15 minutes minimum pour l'ensemble des employés. Des variantes ont été instaurées pour les travailleurs mineurs, avec une restriction à 8 heures de travail par jour dont 30 minutes de pause.

De plus, 12 heures minimum doivent s'écouler entre deux périodes de travail.

Les employés ont également le droit à une **période de repos** minimale d'un jour et demi par semaine sans interruption. Habituellement il s'agit de la journée complète du dimanche ainsi que le samedi après-midi, ou le cas échéant, le lundi matin. Concernant les salariés de moins de 18 ans, ces derniers bénéficient d'au moins deux jours de repos consécutifs.

Le statut des travailleurs prévoit la détermination des congés annuels par la convention collective ou individuellement dans le contrat de travail sur la base d'un accord mutuel entre les deux parties. Les **congés annuels** doivent être au moins de 30 jours calendaires et **ne peuvent pas être remplacés par une compensation monétaire**.

Les salariés en Espagne ont le droit légalement à 2,5 jours de congés par mois travaillé, soit un minimum de congés payés de 22 jours ouvrables par an, en plus des jours fériés.

> À savoir qu'en Espagne, il existe plus de jours fériés qu'en France avec 14 jours fériés nationaux et 2 jours fériés locaux par an. Les jours fériés communs à l'ensemble du territoire espagnol comprennent notamment : le 7 avril (Vendredi Saint), le 1er mai (la fête du Travail), le 15 août (l'Assomption de la Vierge), le 12 octobre (Fête nationale), le 1er novembre (la Toussaint), le 6 décembre (Jour de la Constitution), le 8 décembre (l'Immaculée Conception) et le 25 décembre (Noël).

Par ailleurs, des **congés exceptionnels** peuvent être accordés aux travailleurs, sans perte de rémunération, pour les motifs et les durées suivantes :

- **16 semaines consécutives** sont accordées en cas de naissance, d'adoption ou d'accueil familial. Avec **deux semaines additionnelles** à partir du deuxième enfant pour chaque naissance, adoption ou accueil multiple. Le congé de paternité est, quant à lui, égal à **13 jours consécutifs**, **prolongeable de 2 jours** à partir du deuxième enfant. De plus, les pères peuvent également bénéficier de jours supplémentaires si les deux parents sont en emploi.
- **15 jours** de congés payés sont accordés en cas de mariage.
- **1 jour** autorisé en cas de déménagement.
- D'autres dispositions concernent les congés de maladie grave, d'hospitalisation, d'accident ou de décès d'un membre de la famille. Dans ce cas de figure, **2 jours calendaires** sont accordés, **4 jours** si un déplacement est nécessaire.

En cas de **licenciement**, vous avez le droit de percevoir le **chômage espagnol** si vous avez travaillé **au moins 12 mois au cours des 6 dernières années**. Le montant des prestations varie selon la durée du travail effectuée, c'est-à-dire des cotisations versées durant cette période d'emploi.

Dans le cas où vous justifiez de **moins d'un an de travail**, vous pouvez toucher une allocation nommée « *subsidio* », accordée sous certaines conditions. Si vous avez cotisé entre trois et six mois, la durée du *subsidio* sera égale à **6 mois**. Si vous avez cotisé entre six mois et un an, la durée sera de **12 mois**.

Les conditions sont consultables sur le site officiel du **SEPE**, l'équivalent de Pôle Emploi en France.

Il est **primordial** de retenir que les conditions de travail peuvent être modulées selon la taille de l'entité, le domaine d'activité, les conventions collectives applicables et un bon nombre d'autres facteurs. Les travailleurs ont également des droits ainsi que des recours dans le cas où leurs conditions de travail ne sont pas respectées.

C) Les démarches administratives pour travailler en Espagne

En tant que citoyen français qui envisage de travailler en Espagne, il est **indispensable** de connaître certaines démarches administratives qui simplifieront grandement votre intégration professionnelle. Bien que vous bénéficiiez de la liberté de circulation et de travail en tant que membre de l'Union européenne et de l'Espace économique européen, il existe des **procédures administratives spécifiques** à suivre pour vous conformer aux règles en vigueur telles que l'obtention du NIE, l'enregistrement en tant que résident, la reconnaissance des diplômes, l'affiliation à la sécurité sociale ou encore la fiscalité en Espagne.

1. Les différentes formalités à réaliser

Les expatriés francophones, étant des ressortissants de l'Union européenne et de l'Espace économique européen, peuvent vivre et travailler en Espagne sans visa ni permis de travail.

En revanche, l'obtention d'un NIE, autrement dit « *Número de Identificación de Extranjero* » est **nécessaire** pour s'inscrire dans une agence de recherche d'emploi, signer un contrat de travail, ouvrir un compte bancaire, acquérir un logement, souscrire à des abonnements et bien d'autres formalités essentielles à votre nouvelle vie d'expatrié.

La réception de ce numéro d'identification fiscale attribué aux étrangers peut prendre un certain temps. Parfois, les entreprises cherchent des personnes opérationnelles rapidement. Être en possession de votre NIE avant même d'obtenir le poste peut s'avérer être un atout de taille dans le cas où l'entreprise hésiterait entre vous et un autre candidat. Par conséquent, avant de vous rendre sur le territoire, vous pouvez vous adresser au consulat d'Espagne le plus proche de votre domicile, ou vous rendre directement à un poste de police espagnol ou à un bureau des étrangers « *Oficina de Extranjeros* » à votre arrivée. Vous trouverez plus d'informations concernant la démarche NIE page 14.

Si vous prévoyez de rester en Espagne pour une **durée supérieure à 3 mois**, vous devez également obtenir un « *Certificado de Registro de Ciudadano de la Unión* » qui vous permet de vous inscrire comme résident en Espagne pour une période de plus de 3 mois. Donnant droit à certains avantages fiscaux, l'enregistrement en tant que résident espagnol est **fortement recommandé**.

Pour obtenir cette attestation, il vous suffit de remplir le **formulaire EX18** (disponible aux annexes 3.1 à 3.4) et le **formulaire fiscal 790 code 012** disponible ici : https://sede.policia.gob.es/Tasa790_012/.

Ensuite, vous devez déposer personnellement votre demande auprès de **l'Office des étrangers** de la province dans laquelle vous avez l'intention de séjourner ou, si cela n'est pas possible, auprès du commissariat de police compétent. Vous trouverez la liste des bureaux du territoire ici :
https://administracion.gob.es/pagFront/atencionCiudadana/oficinas/encuentraOficina.htm

N'oubliez pas d'apporter votre carte d'identité ou votre passeport en cours de validité en plus des documents demandés. Si votre document d'identité a expiré, vous devez **soumettre une copie de ce dernier avec votre demande de renouvellement**. Cette inscription doit être faite dans les 3 mois à compter de la date d'entrée en Espagne. Un **certificat d'enregistrement** vous sera immédiatement délivré avec vos coordonnées (nom, nationalité, adresse, numéro d'identification d'étranger) ainsi que la date d'enregistrement. À cette étape, **votre statut de résident en Espagne est confirmé**. Généralement, le certificat est valable pendant 5 ans.

Si l'un des membres de votre famille n'est pas citoyen de l'UE, de l'EEE ou de la Suisse et souhaite rester en Espagne avec vous pendant plus de 3 mois, le processus devient plus complexe. En effet, il est obligatoire de demander un « visa de membre de la famille d'un ressortissant de l'Union européenne ». La demande de visa doit être déposée, personnellement par l'intéressé, au poste consulaire entre 6 mois et 15 jours avant la date d'arrivée prévue. Les pièces justificatives à fournir sont les suivantes :

- Formulaire de demande de visa Schengen rempli et signé (annexes 4.1 à 4.4),
- Photographie récente au format carte d'identité,
- Passeport original en cours de validité et photocopie des pages contenant les données biométriques (le passeport doit être valide au moins 3 mois après la date à laquelle le demandeur envisage de quitter l'espace Schengen),
- Certificats délivrés par l'état civil qui prouvent le lien de parenté avec le ressortissant UE/EEE/Suisse, tels que l'acte de naissance ou le certificat de mariage selon les cas,
- Dans le cas d'un enfant de plus de 21 ans, d'un ascendant ou d'un autre membre de la famille, documents attestant que le demandeur est à la charge du ressortissant UE/EEE/Suisse ou attestant son état de santé,
- Documents attestant que le demandeur vient rejoindre le ressortissant UE/EEE/Suisse en Espagne,
- Justificatif de résidence dans la circonscription consulaire (facture de gaz...).

Ce type de visa est **gratuit**, sauf si le demandeur souhaite se rendre dans un centre de demande de visa. Dans ce cas, il devra s'acquitter d'une taxe de 15,45 euros pour la gestion du dossier.

Les étrangers qui ne sont **pas membres de l'UE, de l'EEE ou de la Suisse** et qui n'ont **pas de liens familiaux** sur le territoire espagnol doivent demander un visa de travail et de résidence au consulat espagnol de leur pays d'origine avant d'être autorisés à travailler et à résider pendant une période de **plus de 90 jours** en Espagne. À leur arrivée sur le territoire, les étrangers devront présenter leur passeport en cours de validité et le visa correspondant.

2. Les étapes pour s'affilier à la sécurité sociale

En Espagne, le système de sécurité sociale, autrement appelé « *seguridad social* », est administré par *l'Instituto Nacional de la Seguridad Social* (INSS) et *l'Instituto Social de la Marina* (ISM) pour les salariés du secteur maritime. En tant qu'expatrié francophone, vous devez procéder à votre inscription au régime de sécurité sociale espagnol pour bénéficier, comme l'ensemble des résidents du pays, de la couverture maladie et des prestations sociales sur le territoire. Ainsi, votre couverture maladie inclura les soins de santé primaires, les hospitalisations, les médicaments ainsi que les médecins spécialistes. Il est important de souligner que le niveau de couverture peut **différer** selon votre situation et votre cotisation, que vous soyez salarié, étudiant ou retraité.

Pour être affilié au régime de sécurité sociale, **vous devez résider en Espagne et cotiser en Espagne**. Les salariés et les travailleurs indépendants espagnols sont donc tenus de **s'inscrire à la sécurité sociale** et de **verser des cotisations mensuelles**. En tant qu'expatrié travaillant en Espagne, vous devrez, vous aussi, payer les cotisations sociales correspondantes qui seront déduites de votre salaire.

L'affiliation à la sécurité sociale espagnole peut être réalisée **à la demande de l'employeur ou du travailleur**. En règle générale, **l'employeur est dans l'obligation de demander l'affiliation au régime de sécurité sociale des travailleurs qui intègrent leur entreprise** et qui ne sont pas inscrits au système avant leur prise de poste. De ce fait, votre employeur vous informera des démarches nécessaires pour adhérer et cotiser au système de sécurité sociale espagnol. Les travailleurs indépendants ou qui démarrent leur activité en tant que tels et qui ne sont pas encore affiliés, doivent également soumettre leur demande par leurs propres moyens. Il en est de même pour les travailleurs salariés dont l'employeur manque à ses obligations. Ces derniers peuvent demander eux-mêmes leur adhésion au système.

Voici les différentes étapes pour rejoindre le système de sécurité sociale espagnol :

- La première étape consiste à acquérir votre **numéro d'identification d'étranger** (NIE) avant de pouvoir effectuer toute formalité administrative en Espagne. Pour cela, veuillez vous référer à la page 14.
- La seconde étape est liée à **l'obtention de votre numéro d'affiliation** à la sécurité sociale espagnole. Ce numéro personnel est **indispensable** pour cotiser au régime espagnol et avoir accès aux nombreuses prestations. Si vous possédez un certificat électronique, vous pouvez réaliser votre demande via le bureau électronique de la sécurité sociale. Sinon, rendez-vous directement au bureau de la *Tesorería General de la Seguridad Social* (TGSS) dont vous dépendez (selon votre lieu de résidence ou le siège de votre employeur). Il existe plusieurs bureaux dans chacune des provinces du territoire. Vous retrouverez la liste des bureaux disponibles ici :
https ://www.seg- social.es/wps/portal/wss/internet/OficinaSeguridadSocial/.

Notez que la plupart des bureaux recommandent, ou même exigent, la réservation d'un rendez-vous, autrement dit « *cita previa* » en espagnol.

Lors du rendez-vous, **pensez à apporter les pièces suivantes** :

- L'original et la photocopie de votre NIE,
- L'original et la photocopie de votre carte d'identité nationale ou de votre passeport en cours de validité,
- Votre *Certificado de Registro de Ciudadano de la Unión* si vous le possédez déjà,
- Votre *Padrón municipal* (ou l'*Empadronamiento*),
- Le formulaire TA.1 rempli (disponible dans les annexes 5.1 à 5.3)
- Si vous êtes retraité ou que vous avez travaillé en Espagne, le formulaire S1 (ce document est à demander à l'assurance maladie de votre pays d'origine).

À l'issue de ce rendez-vous, l'agent sur place vous délivrera un **document sur lequel est inscrit votre numéro d'affilié à la sécurité sociale espagnole**. Attention, ce numéro ne vous donne pas directement droit aux soins. Une fois que vous l'avez, une dernière étape reste à effectuer.

- La troisième et dernière étape consiste à **vous rendre dans le centre de soin le plus proche** de chez vous. Tapez « centros de salud + votre ville ou région » dans la barre de recherche Internet pour savoir lequel correspond à votre emplacement.

Vous devrez apporter les **mêmes documents que ceux requis à l'étape 2, ainsi que le document fourni par l'agent du bureau** *Tesorería General de la Seguridad Social*.

Une fois ce processus terminé, vous recevrez une carte de sécurité sociale provisoire sur laquelle un médecin généraliste vous sera attribué. Vous recevrez votre carte de santé définitive appelée « *tarjeta sanitaria* » quelques semaines après. C'est l'équivalent de la carte vitale française.

Désormais, vous pouvez enfin bénéficier des services médicaux espagnols. **Cette carte est individuelle et doit être présentée lors d'une visite chez le médecin, à la pharmacie ou à l'hôpital.**

Si vous le souhaitez, vous pouvez également souscrire à une mutuelle privée en complément des prestations de la sécurité sociale. Veuillez noter qu'il n'y a **pas d'assurance complémentaire en Espagne**. De ce fait, vous pouvez soit compter sur la sécurité sociale espagnole, soit opter pour une assurance privée espagnole ou internationale, en plus du système public.

À noter qu'il est **peu courant** d'obtenir la « *tarjeta sanitaria* » avant son arrivée en Espagne. En général, les démarches sont à effectuer sur place car elles nécessitent plusieurs documents que vous obtiendrez seulement lors de votre installation. Par conséquent, il est très probable que vous ne disposiez pas de cette carte d'accès aux soins ou d'une autre assurance maladie au début de votre séjour. Ainsi, **pour être serein durant cette période de transition**, vous pouvez demander la Carte Européenne d'Assurance Maladie (CEAM) en France avant votre départ. Cela vous permet d'être couvert par le système français le temps d'accomplir l'ensemble des formalités nécessaires en Espagne. La demande peut être réalisée via le site Ameli.fr. Cette solution est très utile mais elle n'est que **temporaire**. Une fois que vous deviendrez résident en Espagne, vous ne pourrez plus l'utiliser.

Par ailleurs, il est important de spécifier que les démarches peuvent **varier** selon votre situation personnelle, la durée de votre séjour en Espagne, la nature de votre contrat de travail etc. Nous vous invitons donc à vous rapprocher de **l'INSS** ou des **centres d'affiliation de la sécurité sociale** pour obtenir des informations précises sur les démarches à suivre.

3. La reconnaissance des diplômes étrangers

Depuis sa création, l'Union européenne a permis aux citoyens de circuler librement. **En théorie, cela signifie que tout citoyen d'un État membre a le droit d'exercer sa profession et d'obtenir un diplôme reconnu sur l'ensemble du territoire.** Ces directives introduisent des mécanismes d'équivalence automatique pour certaines professions, facilitent la reconnaissance des qualifications et permettent aux professionnels qualifiés de travailler librement au sein de l'UE. Ainsi, les diplômes français sont généralement reconnus en Espagne conformément aux directives européennes sur la reconnaissance des qualifications professionnelles. Cependant, **la théorie et la pratique s'avèrent être deux choses très distinctes.** En effet, certains diplômes, professions et compétences ne sont pas reconnus en Espagne, tandis que d'autres nécessitent des démarches administratives afin d'être reconnus.

Par conséquent, si vous souhaitez vivre et travailler en Espagne, la question de validité de votre diplôme se pose **inévitablement**. Il s'agit d'un **processus essentiel** pour exercer légalement certaines professions et pour rassurer vos futurs employeurs et clients quant à votre capacité à pratiquer votre activité. Il est donc primordial de savoir comment faire reconnaître vos diplômes et quelle démarche entreprendre pour obtenir une équivalence de compétences, notamment si vous envisagez de travailler dans une profession réglementée en Espagne.

La méthode classique de reconnaissance est l'équivalence des diplômes. Cette procédure est destinée aux personnes qui possèdent **un ou plusieurs titres universitaires étrangers de niveau licence ou master**. Elle permet l'obtention de toutes les significations académiques et professionnelles des titres espagnols équivalents. L'équivalence est réglementée par le ministère des Universités qui a pour rôle de gérer l'ensemble des procédures d'équivalence, d'homologations et de reconnaissance académique des diplômes. Il s'agit de la **porte d'entrée** pour les diplômes de l'enseignement supérieur obtenu à l'étranger. De ce fait, vous devez vous diriger vers cette instance pour effectuer votre demande. Le délai de traitement du dossier se situe habituellement entre 4 et 6 mois.

Attention, **cette démarche ne concerne pas les diplômes donnant accès aux professions réglementées**. Pour connaître les branches d'études concernées par cette procédure d'équivalence, il faut se référer à la liste définie dans le décret royal 1393/2007 du 27 octobre et les domaines spécifiques tirés du décret royal 967/2014 (voir annexe 6).

Pour réaliser une demande d'équivalence, vous devez vous munir des **documents suivants** :

- Une copie certifiée conforme du document prouvant l'identité et la nationalité du demandeur, délivré par les autorités compétentes du pays d'origine ou de provenance ou par les autorités espagnoles responsables des affaires étrangères,
- Une copie certifiée conforme du diplôme pour lequel l'équivalence est demandée et la traduction officielle correspondante,
- Une copie certifiée et conforme de l'attestation académique des études réalisées pour l'obtention du diplôme, indiquant, notamment la durée officielle en années académiques du plan d'études, les matières suivies et la charge horaire totale de chacune d'entre elles exprimée en heures ou en crédits ECTS, accompagnée de la traduction officielle correspondante,
- L'accréditation du paiement de la redevance type 790 code 107. Ci-dessous le lien d'accès au formulaire :
https://aplicaciones.minuniversidades.com/GenerarNumeroJustificante/procedimiento=equivalencia.

Par ailleurs, il existe également la **reconnaissance des qualifications professionnelles**. Cette procédure nommée « *reconocimiento de títulos a efectos profesionales* » vise à déterminer si les qualifications étrangères sont équivalentes aux qualifications espagnoles requises pour l'exercice d'une profession réglementée particulière. Ainsi, ce processus **prouve l'aptitude d'un individu à pratiquer un métier réglementé**, dans les domaines de la médecine, du droit, de l'architecture et bien d'autres, sur le territoire espagnol. Conformément aux directives européennes, elle permet d'obtenir les **mêmes effets professionnels que ceux formés en Espagne**.

En règle générale, la reconnaissance des qualifications professionnelles est **suffisante** pour pouvoir exercer la profession dans le pays. Dans certains cas, la reconnaissance des diplômes à des fins professionnelles peut **nécessiter des examens d'aptitude, des tests supplémentaires ou une formation complémentaire** dans le pays de destination. Les procédures et les exigences spécifiques peuvent **varier** en fonction de la profession et de la qualification demandée. Selon le domaine de spécialisation, l'accréditation est effectuée par les ministères compétents. Par exemple, un notaire français souhaitant exercer en Espagne se dirigera vers le ministère espagnol de la Justice. Les instituteurs et professeurs de langues, d'éducation physique, d'arts et de la formation professionnelle devront contacter le ministère espagnol des Universités en charge de ces domaines. La durée du traitement est d'**environ 4 mois**.

Les demandes s'effectuent en remplissant un **formulaire spécifique disponible auprès du ministère compétent** et en joignant les **pièces complémentaires suivantes** :

- La photocopie certifiée et conforme d'un document prouvant la nationalité, délivré par les autorités compétentes du pays d'origine ou par les autorités espagnoles responsables des affaires étrangères.
- En cas d'accréditation de l'identité au moyen du DNI/TIE, vous pouvez choisir d'autoriser l'organisme d'enquête à consulter vos données d'identification personnelles par le biais du système de vérification de l'identité (décret royal 522/2006, du 28 avril), auquel cas vous serez dispensé de l'obligation de fournir votre DNI/TIE. Dans le cas contraire, une copie certifiée et conforme du DNI/TIE doit être fournie.
- La photocopie certifiée et conforme du titre académique et professionnel, accompagnée de la traduction officielle correspondante.
- La photocopie certifiée et conforme de la certification académique du cursus réalisé pour obtenir le diplôme, y compris la durée des études en années universitaires et les matières suivies, accompagnée de la traduction officielle correspondante.
- Lorsque l'État membre dans lequel le diplôme a été obtenu réglemente aussi cette profession, un certificat délivré par l'autorité compétente du pays d'origine, attestant le respect des exigences pour l'exercice de la profession réglementée dans ce pays, aux fins de son exercice dans un autre pays de l'Union européenne, de l'Espace économique européen ou en Suisse conformément à la directive 2005/36/CE.
- Lorsque l'État membre dans lequel le diplôme a été obtenu ne réglemente pas cette profession, il vous ait demandé de fournir un document délivré par l'autorité compétente certifiant que la profession a bien été exercée par le demandeur pendant un an au cours des dix années précédentes.

Vous pouvez retrouver l'extrait de la table de correspondance sur les professions réglementées France/Espagne dans les annexes 7.1 et 7.2 de notre guide.

Dans le cas où vous exercez une **profession réglementée dans le domaine sanitaire et médical**, deux options s'offrent à vous :

- Obtenir la carte professionnelle européenne, autrement dit « *Tarjeta Profesional Europea* » (TPE). Cette procédure électronique se caractérise par sa simplicité et sa rapidité avec un délai d'attente de 3 mois. **Les seules exigences sont** : avoir obtenu son diplôme dans un pays membre de l'UE, être pharmacien, infirmier ou kinésithérapeute et avoir exercé au moins trois ans dans le pays d'origine. **Dans certains cas comme pour les pharmaciens**, il faudra tout de même s'inscrire à un Collège Professionnel et repasser certains examens pour se conformer aux diplômes en vigueur en Espagne. Le ministère espagnol de la Santé, de la Consommation et du Bien-être social est l'institution chargée de la reconnaissance des qualifications pour les professions de santé réglementées.

- Obtenir la reconnaissance professionnelle auprès du ministère espagnol de la Santé, via la procédure régie par la directive communautaire 2005/36/CE modifiée par la directive 2013/55, est la seconde solution. Le **dossier** comprend un formulaire disponible sur le site Infra, des diplômes à certifier, un CV détaillé de la formation et des attestations de l'État d'origine membre de l'UE. L'expérience professionnelle n'est pas obligatoire mais elle **peut entrer en compte** dans certains cas.

Afin de certifier des **titres non universitaires comme le Baccalauréat, le CAP**, il faut se tourner vers le ministère de l'Éducation et de la Formation Professionnelle.

En bref, selon votre activité vous devez demander **l'équivalence ou la reconnaissance** de votre diplôme. Le choix dépendra du fait que votre profession soit considérée comme **réglementée ou non**. Pour exercer une profession non réglementée en Espagne, il suffit d'obtenir une équivalence de votre diplôme français. Tandis que pour exercer une profession réglementée, vous êtes tenus de réaliser une procédure de reconnaissance de votre diplôme français pour exercer légalement sur le territoire espagnol.

Toutefois, certains problèmes peuvent se poser pour les citoyens français souhaitant faire reconnaître leurs diplômes en Espagne. En effet, des **difficultés d'équivalence** sont présentes pour les psychologues. Bien que les diplômes de psychologie français et espagnols se valent, en Espagne il est obligatoire d'être également membre du Collège Officiel des Psychologues pour exercer. De plus, certaines professions, telles que psychomotricien en France, **n'existent pas** sur le territoire espagnol, il n'y a donc pas d'équivalence possible.

C'est pourquoi, nous vous recommandons vivement de contacter les **autorités espagnoles compétentes** afin d'obtenir des informations officielles et à jour sur les procédures de reconnaissance des diplômes concernant votre profession et votre situation.

4. La fiscalité pour les travailleurs

En Espagne, comme dans de nombreux autres pays de l'Union européenne, il existe **deux types d'impôts** : les impôts directs et indirects.

Les impôts directs désignent l'ensemble des impôts sur le revenu des particuliers et les bénéfices des sociétés. Ces impôts s'appliquent au revenu et au patrimoine. Ils comprennent notamment : **l'impôt sur le revenu (IRPF), l'impôt sur le revenu des non-résidents (IRNR), l'impôt des sociétés (IS), l'impôt foncier (IBI), l'impôt sur la fortune (IP) et l'impôt des successions.**

Les impôts indirects comme la **taxe sur la valeur ajoutée (TVA), la taxe sur les transferts de propriété (ITP), la taxe sur les actes juridiques documentés (AJD), les taxes spéciales (IIEE), ou encore les recettes douanières**, s'appliquent sur les opérations de consommation et de production.

Les ressortissants français travaillant en Espagne sont **principalement assujettis** à l'impôt sur le revenu (IRPF) ou à l'impôt sur le revenu des non-résidents (IRNR) selon leur lieu de résidence fiscale.

La résidence fiscale est déterminée sur la base de **diverses caractéristiques** telles que la durée du séjour en Espagne, les liens familiaux et financiers et l'intention de vivre de manière permanente dans le pays.

Par conséquent, **vous êtes considéré comme résident fiscal en Espagne si vous remplissez l'un des critères suivants** :

- Vous passez 183 jours, ou plus, de l'année civile sur le territoire espagnol,
- Vos principaux intérêts personnels et économiques se trouvent en Espagne,
- Votre résidence habituelle se situe sur le territoire et vos enfants mineurs ou votre conjoint vivent également en Espagne.

Dans le cas où vous êtes résident légal en Espagne, vous êtes **tenus de payer l'IRPF** sur l'ensemble de vos revenus espagnols et étrangers, tandis que **les personnes physiques non-résidentes sont imposées uniquement sur leurs revenus perçus dans le pays**.

L'impôt sur le revenu des personnes physiques (IRPF), autrement dit « *Impuesto sobre la Renta de las Personas Físicas* » a été introduit en Espagne en 1933. Il s'agit de l'un des principaux impôts espagnols. Ce dernier couvre l'ensemble des revenus tirés d'activités professionnelles, d'une société, de rentes ou du patrimoine. Il s'applique aux personnes physiques telles que les indépendants, les employés ou à toute personne qui touche un quelconque revenu sur le sol espagnol.

L'IRPF est un impôt dit « **progressif** ». Il est calculé sur la base du revenu (général et de l'épargne) perçu au cours de l'exercice fiscal à l'aide de plusieurs tranches d'imposition. Le taux d'imposition varie progressivement en fonction de vos revenus annuels. **Plus vos revenus sont importants, plus le taux d'imposition sera conséquent.**

Pour l'exercice fiscal 2023, les taux d'imposition **sur le revenu général** (incluant les salaires, les revenus d'un travail indépendant, les revenus de pension, le revenu d'entreprise, les revenus de location et les redevances) sont les suivants :

- **19 %** pour les premiers 12 450 euros,
- **24 %** pour les revenus compris entre 12 450 et 20 200 euros,
- **30 %** pour les revenus compris entre 20 200 et 35 200 euros,
- **37 %** pour les revenus compris entre 35 200 et 60 000 euros,
- **45 %** pour les revenus compris entre 60 000 et 300 000 euros,
- **47 %** pour les revenus supérieurs à 300 000 euros.

À titre d'exemple, si votre **revenu imposable est de 30 000 €**, vous paierez **7 165,5 euros** d'impôts sur le revenu.

➔ 19 % x 12 450 + 24 % x (20 200 – 12 450) + 30 % x (30 000 – 20 200) = 7 165,5.

Concernant les taux d'imposition des **revenus de l'épargne** (c'est-à-dire les dividendes, les revenus d'intérêts, les gains en capital sur la vente ou le transfert d'actifs, les revenus des contrats d'assurance vie et les revenus de rentes achetées), ces derniers se situent à hauteur de :

- **19 %** pour les premiers 6 000 € de revenu imposable,
- **21 %** pour les revenus imposables suivants qui se situent entre 6 000 à 50 000 €,
- **23 %** pour les revenus imposables suivants qui se situent entre 50 000 à 200 000 €,
- **26 %** pour les montants supérieurs à 200 000 €.

Toutefois, il est essentiel de retenir que **les autorités fiscales espagnoles peuvent réviser les taux ainsi que les tranches d'imposition**. Par conséquent, il est primordial de toujours **se référer aux informations officielles les plus récentes**.

Bien que tous les types de revenus soient imposables à l'IRPF : traitements et salaires, bénéfices industriels et commerciaux, bénéfices agricoles, bénéfices non-commerciaux, revenus fonciers, revenus immobiliers, plus-values et dividendes, la plupart des revenus à caractère social sont, quant à eux, **exonérés d'impôt** en Espagne.

En effet, les contribuables **ne sont pas imposés** sur les revenus suivants :

- Les prestations sociales pour incapacité permanente absolue ou grande invalidité,
- Les pensions alimentaires reçues des parents en vertu d'une décision de justice,
- Les bourses publiques ou versées par des organismes à but non lucratif,
- Les indemnités de rupture de contrat de travail (dans la limite d'un plafond),
- Certaines autres prestations et aides à caractère social.

De plus, les personnes physiques qui perçoivent un revenu inférieur à 5 000 euros sur l'année sont exonérées d'impôts.

Dans le cas où vous êtes soumis à l'impôt espagnol, vous pouvez profiter de certains abattements personnels qui seront déduits de votre assiette fiscale. À partir du mois de juillet 2021, voici la liste des abattements possibles :

- Pour les personnes âgées de **moins de 65 ans**, l'abattement fiscal personnel s'élève à 5 550 euros.
- Pour les personnes de **plus de 65 ans**, il est de 6 700 euros.
- Pour les personnes de **plus de 75 ans**, il équivaut à 8 100 euros.
- Pour les **cotisations de retraite**, jusqu'à 2 000 euros par an.
- Des déductions pour les **dons de charité ou les coûts d'achat et de rénovation de la résidence principale** du contribuable existent également.

Vous pouvez également bénéficier d'allocations supplémentaires :

- 2400 euros pour le **premier** enfant,
- 2700 euros pour le **deuxième** enfant,
- 4000 euros pour le **troisième** enfant,
- 4500 euros pour le **quatrième** enfant.

Malgré le prélèvement à la source de l'impôt sur le revenu des personnes physiques espagnol depuis 1979 afin de lutter contre la fraude fiscale, les contribuables sont, tout de même, tenus de remplir une déclaration d'impôt auprès de l'autorité fiscale du pays nommée *l'Agencia Tributaria*. Cette déclaration concernera les revenus de l'année précédente.

L'objectif de cette procédure est de vérifier que les montants perçus à la source et les montants de revenus réels sont **similaires**. S'il y a une différence entre les deux, une **régularisation** doit avoir lieu. Ainsi, le contribuable paie s'il doit de l'argent à l'État ou demande un remboursement s'il a payé un montant trop élevé à celui qu'il aurait dû réellement payer au cours de l'année.

Cette démarche est **obligatoire** et doit être réalisée chaque année avant le 30 juin. Votre NIE est nécessaire pour réaliser votre déclaration.

À savoir que, toute déclaration absente ou tardive entraîne des **sanctions**. Seuls les contribuables qui ont perçu **moins de 22 000€** au cours de l'année écoulée échappent à cette déclaration annuelle.

Lors de votre arrivée en Espagne, il est donc essentiel de vous **inscrire** auprès de l'agence nationale d'administration fiscale appelée « *Agencia Estatal de Administración Tributaria* ». N'oubliez pas d'apporter les **documents fiscaux** nécessaires de votre pays d'origine et le certificat prouvant que vous étiez à jour avant votre départ.

⚠️ Attention, à la différence de la France, **l'Espagne n'envoie pas de déclaration d'impôts**. Afin de ne pas oublier de transmettre votre déclaration chaque année, l'idéal serait de vous faire un *pense-bête*.

De plus, pour *éviter la double imposition* en tant qu'expatrié, pensez à consulter les conventions de double imposition. La **convention franco-espagnole** est disponible ici : https://www.impots.gouv.fr/sites/default/files/media/10_conventions/Espagne/Espagne convention-avec-l-Espagne-impot-sur-le-revenu-impot-sur-la-fortunefd1824.pdf

En Espagne, il existe également un **régime fiscal spécial pour les travailleurs déplacés** connu sous le nom de « *Loi Beckham* ». Ce régime des impatriés permet aux étrangers travaillant en Espagne d'établir leur résidence fiscale dans le pays en tant que résident, en raison des avantages économiques qu'ils peuvent en tirer.

Pour profiter de ce régime, vous devez remplir **certaines conditions** :

- Être établi sur le territoire espagnol pour des raisons professionnelles,
- Ne pas détenir plus de 25 % du capital de la société dans laquelle vous allez travailler,
- Ne pas avoir résidé en Espagne au cours des cinq dernières années,
- Réaliser la demande d'affectation à ce régime fiscal dans un délai maximum de 6 mois après le début du contrat de travail,
- L'entreprise contractante est espagnole,
- L'ensemble des tâches doivent être réalisées en Espagne.

Ainsi, en adhérant à ce système fiscal spécial, les travailleurs déplacés peuvent profiter des **avantages suivants** :

- Bénéficier de l'impôt sur le revenu en tant que non-résident, avec un taux fixe de 24 % jusqu'à 600 000 euros par an, au lieu d'un taux d'imposition progressif. Au-delà de ce montant, un taux de 45 % sera appliqué.
- Être exempté de la présentation du modèle 720 (déclaration informative sur les biens et les droits situés à l'étranger).
- Seuls leurs revenus perçus en Espagne sont imposables.
- Pour l'impôt sur la fortune, seuls leurs actifs situés en Espagne seront considérés à un taux compris entre 0,2 % et 2,5 %.
- Toutes ces conditions s'appliquent pour une période de 6 ans.

Cependant, quelques **inconvénients** doivent être pris en compte :

- Les contribuables de ce régime ne peuvent pas utiliser les conventions de double imposition.
- Les dépenses ou les réductions fiscales ne peuvent pas être déduites de la base imposable.
- Les indemnités pour licenciement ne sont pas exonérées d'impôt.

Si vous remplissez l'ensemble des conditions et que vous souhaitez choisir ce régime, les **étapes à suivre** sont les suivantes :

- Remplir le formulaire 030 et s'inscrire au recensement de l'AEAT en Espagne.
- Transmettre le modèle 149 à l'Administration Fiscale.
- Fournir vos données personnelles telles que votre NIE, votre document d'identité, votre numéro d'affiliation à la Sécurité Sociale et votre contrat de travail.
- Obtenir le certificat approuvant l'application du régime fiscal en question.

En bref, grâce à ce régime des impatriés, **seuls vos revenus et gains espagnols sont imposables en Espagne**, et seuls vos biens espagnols sont soumis à l'impôt sur la fortune.

⚠️ Attention, les **retraités**, les **professionnels du sport**, les **indépendants** et les **administrateurs qualifiés** de la société ne peuvent pas bénéficier de cette loi.

Vous trouverez également des précisions supplémentaires concernant la fiscalité espagnole sur le site Internet de l'Administration Fiscale espagnole (AEAT) depuis ce lien d'accès : https://sede.agenciatributaria.gob.es.

D) Les conseils d'intégration professionnelle pour les travailleurs étrangers

1. Les méthodes et les outils pour chercher un emploi

Si vous envisagez de vous installer en Espagne et que vous cherchez un emploi sur le territoire, de **nombreuses options** s'offrent à vous. Vous pouvez trouver des emplois en ligne via des réseaux sociaux et des sites Web, via des services publics d'emploi, des médias, des réseaux de connaissances, ou via des candidatures spontanées.

Du point de vue de la génération moderne, il est clair que la recherche d'emploi la plus populaire et la plus rapide se fait sur Internet via **les réseaux sociaux** et les **sites d'offres d'emploi**.

Linkedin, considéré comme le réseau social des professionnels, s'avère être **l'outil incontournable** pour les expatriés en recherche d'emploi. En effet, ce réseau diffuse quotidiennement des milliers d'offres d'emploi. Pour réussir à décrocher un emploi sur ce réseau social, n'oubliez pas de construire un **excellent profil**. Ce dernier détermine la première image que vous véhiculez auprès des recruteurs.

Vous pouvez également rejoindre des groupes d'expatriés sur Facebook ou encore des **plateformes** telles que « Guiribusiness » pour rencontrer de nouvelles personnes avec des projets similaires et ainsi, vous conseiller mutuellement. Participer à des **forums professionnels en ligne** peut également être une solution efficace pour décrocher un emploi en Espagne.

Concernant les centaines de **sites d'offres d'emploi** disponibles sur le Web, voici une liste des principaux moteurs de recherche espagnols qui peuvent vous aider : Infoempleo, Indeed, Monster, Opcionempleo, Infojobs, Trabajos, Jobandtalent, Yobalia, Jooble, BeBee, Job Today, CornerJob et Domestika.

Vous trouverez aussi des **sites spécialisés dans certains domaines** tels que : EmpleoMarketing (consacré aux métiers du marketing en ligne), Turijobs (spécialisé dans l'emploi pour le tourisme et l'hôtellerie), Tecnoempleo (dédié au secteur de l'informatique, télécommunications et technologies) et Colejobs (pour les emplois d'enseignement).

Si vous êtes **étudiant**, pensez à vous diriger vers les **sites spécialisés** : StudentJob et Primerempleo.

Des **plateformes spécialisées** dans les emplois pour les **expatriés** sont également intéressantes : Glassdoor, ThinkSpain, Xpat Jobs et Iagora.

Pensez aussi à regarder sur le site Web « Emploi Espagne » qui est spécialisé dans l'emploi pour les **francophones**.

Par ailleurs, de plus en plus **d'entreprises** utilisent leur site web personnel pour publier les postes vacants dans leurs équipes. Généralement, les offres disponibles se trouvent dans les rubriques « *Recursos humanos* » (Ressources humaines), « *Trabaja con nosotros* » (Travaillez avec nous), ou *« Empleo »* (Emploi).

Bien que ces premières méthodes de recherche semblent obtenir le plus de succès aujourd'hui, particulièrement chez les jeunes en recherche de travail, d'autres solutions souvent oubliées sont également **disponibles** sur le marché de l'emploi.

Les **services publics espagnols de l'emploi** disposent d'un large réseau d'agences pour l'emploi appelées « *oficinas de empleo* » implantées sur l'ensemble du territoire. Ces institutions reconnues fournissent des renseignements sur le recrutement, la formation ainsi que l'aide au placement. De plus, ces agences disposent d'un site Web qui regroupe des offres d'emploi.

Le site du *Servicio Público de Empleo Estatal* (SEPE) est aussi une excellente ressource. Considéré comme l'équivalent de Pôle emploi et des Assédic français, vous y trouverez de nombreuses informations utiles telles que la situation nationale de l'emploi, des formations auxquelles vous pouvez assister et des nouvelles offres d'emploi.

Il existe également une plateforme nationale du ministère du Travail et de l'Économie Sociale espagnol dédiée à la recherche d'emploi dans le pays appelée « *Empléate* ». En parcourant les nombreuses offres d'emploi publiées par le gouvernement espagnol vous pourrez **trouver le travail qui est fait pour vous** et ainsi débuter votre nouvelle vie en tant qu'expatrié.

De plus, vous pouvez aussi vous référer à la Chambre Franco-Espagnole de Commerce et d'Industrie. Il s'agit du **point de rencontre** des sociétés et des professionnels franco-espagnols. Vous aurez l'opportunité de connaître des professionnels francophones qui travaillent au sein de grands groupes ou qui ont leur propre société.

Les liens d'accès vers l'ensemble des **organismes mentionnés** sont disponibles ci-dessous :
https://www.oficinaempleo.com
https://www.sepe.es/HomeSepe
https://www.sistemanacionalempleo.es/servicios.html
https://www.empleate.gob.es/empleo/#/
https://www.lachambre.es/fr/services/service-emploi/offres-demploi.html

Les citoyens à la recherche d'un emploi peuvent également se tourner vers les **agences de placement, de recrutement et d'intérim**. Les agences de placement sont à but non-lucratif et sont agréées par l'Autorité du travail. Les agences de recrutement sont des entreprises spécialisées dans les ressources humaines qui publient généralement leurs offres d'emploi dans les journaux ou sur Internet. Quant aux agences de placement, systématiquement identifiées par l'acronyme « ETT », elles embauchent directement des travailleurs et les mettent à disposition des entreprises. Ces agences sont particulièrement utiles lors de la recherche d'un **travail temporaire**.

La liste des agences espagnoles d'intérim est disponible ici :
https://expinterweb.mites.gob.es/sigett/consultaPublicaETT

Les **médias** sont aussi des outils importants dans la recherche d'emploi. En effet, tous les **journaux nationaux, régionaux et locaux** publient fréquemment des offres d'emploi. De plus, certaines **chaînes de télévision et de radio** consacrent des émissions spécialement dédiées à l'emploi. On citera notamment le célèbre programme télévisé « *Aquí hay trabajo* ». Diffusé du lundi au vendredi à 9h30 sur la deuxième chaîne (RTVE), il offre un résumé de l'actualité du monde du travail avec des informations concernant les offres d'emploi, les aides et les formations. Diverses agences et entreprises privées publient quotidiennement leurs offres d'emploi disponibles dans le programme. D'autres émissions similaires sont diffusées sur les chaînes des communautés autonomes.

Également, n'hésitez pas à utiliser votre **réseau personnel** pour obtenir un travail en Espagne. Si vous avez de la famille ou des amis sur place, parlez-leur de votre recherche active d'emploi. Rien ne vaut le **bouche-à-oreille**. De nombreux postes vacants sont pourvus grâce à ce type de contacts et de recommandations. Il reste même la source d'emploi privilégiée par de nombreux expatriés.

⊕ Enfin, ne sous-estimez pas l'effet des candidatures spontanées. Si vous parlez couramment l'espagnol, vous pouvez gagner une avance considérable en vous présentant directement aux employeurs.

2. Les conseils pour rédiger un curriculum vitae et une lettre de motivation adaptés au marché de l'emploi espagnol

La première étape pour trouver un emploi en Espagne est évidemment de rédiger votre curriculum vitae en espagnol. Les CV espagnols ressemblent plus ou moins à ceux du marché français, mais tous les CV européens ne répondent pas exactement aux mêmes exigences. C'est pourquoi il est **préférable de reconstruire entièrement votre CV plutôt que de faire une simple traduction de votre CV français**.

Tout d'abord, votre CV espagnol doit contenir les **sections suivantes** :

- *Datos personales / Datos de contacto* : les coordonnées du candidat
- *Resumen / Perfil / Objetivo* : la phrase d'accroche, le profil personnel
- *Experiencia laboral / Experiencia profesional* : l'expérience professionnelle, des plus récentes aux plus anciennes
- *Estudios realizados / Formación académica* : les études et les diplômes
- *Idiomas* : les langues étrangères parlées
- *Habilidades / Aptitudes profesionales / Informatica* : les compétences professionnelles et informatiques
- *Actividades extracurriculares / Extra laborales / Información adicional* : les activités extra-professionnelles
- *Diverso / Otros datos de interés* : les autres informations telles que les centres d'intérêts et les passe-temps
- *Referencias* : les références

De plus, voici **quelques éléments à garder en tête** lorsque vous rédigez votre CV espagnol :

- Bien qu'il s'agisse d'une pratique courante, l'ajout d'une photo à votre CV n'est **pas obligatoire** en Espagne.
- L'en-tête de votre CV espagnol doit comporter l'indicatif **+33** en face de votre numéro français, au cas où des recruteurs potentiels vous appelleraient de l'étranger.
- Comme en France, les recruteurs parcourent un CV en quelques secondes. Il est donc recommandé de **ne pas dépasser une page A4**. Si vous avez plus de dix ans d'expérience professionnelle, deux pages sont acceptées.
- Les recruteurs espagnols sont attentifs à la mise en page. Assurez-vous que les différentes sections de votre CV soient aussi **claires** que possible. Des plateformes gratuites comme **Canva** facilitent la création de votre design.
- Ne mentionnez pas la totalité de vos formations et expériences professionnelles. Choisissez uniquement les éléments qui présentent un **véritable intérêt** pour le poste convoité.
- N'oubliez pas de mentionner votre **niveau d'espagnol** sur votre CV. Pour cela, référez-vous au Cadre européen commun de référence pour les langues (CECR) afin de connaître votre niveau (A1, A2, B1, B2, C1, C2).
- En Espagne, les recruteurs attachent une importance particulière aux **activités extra-professionnelles** des candidats. De ce fait, n'hésitez pas à mettre en avant vos expériences telles que le bénévolat, l'adhésion à une équipe sportive, etc.

Par ailleurs, portez une attention particulière aux **équivalences des diplômes** afin de mettre toutes les chances de votre côté.

- Le **BTS français** se traduit par « *formación tecnico superior* » ou « *formación profesional de segundo grado* » en Espagne.
- Le terme « *diplomatura* » fait référence au niveau **licence** en France, tandis que la « *licenciatura* » désigne un diplôme de **niveau Bac+5**.
- Le mot espagnol « *grado* » correspond à la **licence**, sauf s'il dépasse 240 points ECTS il sera considéré comme un niveau master.
- Concernant le **master français**, il n'y a pas de différence. Ce dernier porte également le nom « *master* » en Espagne.
- Enfin, le « *doctorado* » est l'équivalent du **doctorat français**, et représente le plus haut niveau académique en Espagne.

Compléter votre CV avec une **lettre de motivation** vous donnera un avantage certain lors de la recherche d'un emploi en Espagne. Bien qu'elle ne soit pas obligatoire, la lettre de motivation vous distinguera des autres candidats et montrera aux recruteurs que vous êtes motivé à travailler.

Voici quelques conseils pour rédiger une lettre de motivation adaptée au marché du travail espagnol :

- Votre lettre doit être directe, formelle et ne pas dépasser une page. Il est important de donner uniquement les informations essentielles et utiles aux recruteurs qui examinent votre candidature.
- Personnalisez toujours votre lettre en fonction de l'entreprise et du poste convoité. Une lettre de motivation bateau ne convainc jamais les recruteurs.
- N'hésitez pas à mettre en avant vos qualités et compétences pertinentes qui feront de vous le candidat idéal aux yeux des employeurs.
- Abordez votre expérience professionnelle sous un angle positif, qu'elle soit courte ou longue. Cela permettra aux employeurs d'avoir un aperçu de votre formation ainsi que de vos qualifications. Vos collaborations avec des associations ou votre participation à divers événements peuvent également être évoquées dans votre lettre de motivation.
- Si vous avez la chance de parler plusieurs langues, mentionnez-le. En Espagne, les recruteurs apprécient que leurs collaborateurs maîtrisent une deuxième langue en plus de l'espagnol. Cette faculté vous permettra de vous démarquer des autres candidats.
- Faites relire votre lettre de motivation à un locuteur natif avant de l'envoyer aux recruteurs.
- Le dernier conseil est sûrement le plus important à retenir : ne mentez jamais. C'est très courant dans les lettres de motivation et ne peut que vous porter préjudice. L'honnêteté est votre meilleur ami pour décrocher un emploi sur le territoire espagnol. Si vous êtes inexpérimenté, exprimez votre motivation et votre volonté d'apprendre.

À propos de la **mise en page**, les Espagnols restent classiques :

- Une page maximum au format A4,
- Police professionnelle (Calibri, Times New Roman, Arial, Verdana),
- Taille de la police standard entre 10 et 12,
- Paragraphes espacés entre eux,
- Texte aligné à gauche (et non justifié),
- Coordonnées du candidat en haut à droite de la page (et non à gauche comme en France),
- **Pas d'objet**,
- **Peu de texte en gras ou en italique**,
- **Pas de texte souligné**.

3. Les spécificités culturelles et sociales

À travers le monde, il existe de **multiples différences culturelles** dans tous les domaines. Travailler dans une société avec de nombreuses divergences peut être déroutant au début, mais en apprendre davantage sur les pratiques du pays vous aidera à mieux les intégrer. Lorsque vous travaillez en Espagne, il est **important** de garder l'esprit ouvert, de vous adapter aux spécificités culturelles et de respecter les normes et traditions locales. Comprendre et apprécier la culture espagnole facilitera votre intégration sur le marché du travail.

En Espagne, la première difficulté que vous rencontrez en tant que citoyen français est, évidemment, la barrière de la langue. Bien qu'un grand nombre de personnes parlent anglais, connaître l'espagnol vous aidera à communiquer au travail, à vous intégrer dans la culture et à nouer des relations professionnelles plus étroites. **Maîtriser l'espagnol est donc l'une des meilleures solutions afin de s'intégrer aisément au sein d'une entreprise multiculturelle**.

Les relations humaines en Espagne sont souvent basées sur la proximité et la convivialité. En général, **les Espagnols sont des personnes particulièrement chaleureuses qui accordent une grande importance aux relations personnelles et à la création de liens étroits**. De ce fait, ces dernières essaieront, dans un premier temps, de vous connaître davantage avant d'entamer une relation professionnelle. Les discussions commenceront fréquemment par des sujets liés à la famille, aux enfants et à d'autres activités. Il s'agit pour eux d'un **gage de confiance**. Ainsi, prendre le temps d'échanger et de faire connaissance avec ses collègues est très apprécié et facilite l'intégration professionnelle.

Sur le territoire espagnol, le vouvoiement n'est pas aussi répandu au sein de l'environnement de travail qu'en France. En effet, cette forme de vouvoiement est utilisée par les Espagnols **uniquement dans des circonstances très particulières ou pour s'adresser à des personnes âgées**. En général, les Espagnols passent du « vous » au « tu » très rapidement, peu importe la catégorie sociale ou la situation. C'est **l'une des principales différences de la vie quotidienne** dont vous vous apercevrez en vous installant en Espagne. Cette habitude culturelle est bénéfique puisqu'elle aide à briser la distanciation sociale et les barrières que le vouvoiement instaure. Cette proximité verbale contribue à promouvoir la culture d'entreprise espagnole et une atmosphère de travail plus conviviale. L'erreur serait de prendre la mentalité espagnole pour un manque de sérieux. Travailler en Espagne demande rigueur, effort et persévérance.

En Espagne, il est courant de raccourcir les heures de travail du vendredi dans les secteurs qui le permettent. **La journée commence généralement plus tôt et se termine aux alentours de 15h.** Cet arrangement permet aux Espagnols de consacrer leur après-midi aux loisirs et ainsi prolonger le week-end. En France, ce temps libre n'existe pas. Les horaires de travail sont sensiblement les mêmes du lundi au vendredi.

D) Les 10 points essentiels à retenir pour travailler en Espagne

1 En termes de PIB nominal, l'Espagne est la **4e économie de l'Union européenne** et la **14e économie du monde**.

2 Pour travailler en Espagne, vous devez **être âgé d'au moins 16 ans**. L'autorisation écrite d'un parent ou d'un tuteur légal est obligatoire pour exercer un emploi entre 16 et 18 ans.

3 En Espagne, le montant du Salaire Minimum Interprofessionnel en 2024 est fixé à **1 134 euros bruts** par mois.

4 Le contrat de travail « *obra y servicio determinado* » **n'existe plus** sur le territoire espagnol.

5 Les expatriés français peuvent vivre et travailler en Espagne **sans visa ni permis de travail**.

6 Pour exercer une profession non réglementée en Espagne, il faudra obtenir une **équivalence** de votre diplôme français. Pour exercer légalement une profession réglementée, vous devrez réaliser une procédure de **reconnaissance** de votre diplôme.

7 Les expatriés travaillant en Espagne sont assujettis à **l'impôt sur le revenu (IRPF)** ou à **l'impôt sur le revenu des non-résidents (IRNR)** selon leur résidence fiscale.

8 Les travailleurs déplacés peuvent profiter du **régime fiscal spécial** « Loi Beckham ».

9 Il est important d'**adapter son CV et sa lettre de motivation** aux critères espagnols.

10 Le **vouvoiement n'est pas aussi répandu** au sein de l'environnement de travail qu'en France.

IV. Entreprendre en Espagne

A) Le contexte de la création d'entreprise en Espagne	**98**
1. Les arguments en faveur de l'entrepreneuriat	98
2. Les différentes formes juridiques d'entreprise et leurs particularités	100
B) La création d'entreprise en Espagne pour les étrangers	**106**
1. Les étapes de création d'une entreprise	106
2. Les obligations fiscales	115
C) Les aides pour la création d'entreprise en Espagne	**120**
1. Les différents moyens de financement d'entreprise	120
2. Les programmes d'accompagnement pour la création d'entreprise	123
D) Les 10 points essentiels à retenir pour entreprendre en Espagne	**125**

L'Espagne est un **pays dynamique** profitant d'une économie diversifiée et d'un environnement propice aux affaires. En effet, le pays est considéré comme une **terre d'opportunités** pour les entrepreneurs étrangers. Dans un but d'accroissement de l'économie et de l'emploi, la création de nouvelles entreprises est **fortement encouragée** au sein du pays et les entrepreneurs des quatre coins du monde sont les bienvenus. C'est pourquoi bon nombre d'expatriés se lancent dans cette nouvelle aventure.

Démarrer une nouvelle entreprise en Espagne peut être **stimulant** comme **démoralisant**. Bien que ce soit plus simple pour les citoyens de l'UE que pour les ressortissants de pays tiers, de nombreuses réglementations, procédures et formalités sont à respecter pour entreprendre sur le territoire. Cette section vous aidera à être au clair sur les formalités essentielles à connaître pour mener à bien le démarrage de votre nouvelle entreprise.

A) Le contexte de la création d'entreprise en Espagne

En tant que membre de l'Union européenne, l'Espagne propose de grandes opportunités aux entrepreneurs européens désireux de développer leurs activités sur le territoire. Que vous soyez entrepreneur expérimenté ou que vous envisagiez de démarrer votre première entreprise, le pays de Cervantes vous offrira un **environnement favorable et attractif** pour concrétiser vos projets professionnels. L'intégration de l'Espagne dans le grand marché européen permet aux ressortissants de l'UE de profiter d'avantages conséquents en matière d'entrepreneuriat tels que la libre circulation des biens, des services, des capitaux et de la main d'œuvre.

1. Les arguments en faveur de l'entrepreneuriat

Vous hésitez à créer une entreprise en Espagne et vous vous demandez s'il s'agit d'un choix judicieux ? Découvrez l'ensemble des **raisons d'entreprendre en Espagne**, autant dire qu'elles sont nombreuses.

Sur le plan économique, l'Espagne bénéficie d'une **position remarquable** dans le monde : 14e économie mondiale en termes de PIB, 14e exportateur de services commerciaux, 11e pays le plus attractif pour les investissements directs étrangers (IDE) et 15e émetteur d'IDE parmi les pays souverains (ICEX, 2022).

En tant que membre de l'UE, de l'Organisation de Coopération et de Développement Économiques (OCDE), de l'Organisation mondiale du commerce (OMC) et de l'Accord général sur les tarifs douaniers et le commerce (GATT), l'Espagne bénéficie de **solides relations internationales**. Le pays a également signé 99 accords pour lutter contre la double imposition.

Les **services** représentent plus de 74 % de l'activité commerciale, l'Espagne possède une économie moderne basée principalement sur la connaissance. Le pays est un **centre d'innovation international** qui bénéficie d'une main-d'œuvre jeune et hautement qualifiée avec un caractère proactif ainsi que des coûts compétitifs dans le contexte d'Europe occidentale.

Le pays a massivement investi pour construire des **infrastructures modernisées** capables de soutenir la croissance économique future : réseaux de transport efficaces, aéroports internationaux, ports maritimes, autoroutes et infrastructures de télécommunication avancées. Cela facilite les échanges commerciaux et renforce la connectivité avec d'autres pays européens.

L'Espagne possède plusieurs **centres d'innovation et de recherche** bien connus tels que des parcs technologiques et des centres de recherche. Ces pôles d'innovation offrent un environnement propice au développement de nouvelles technologies, de start-ups et d'entreprises basées sur la recherche.

L'environnement concurrentiel et attractif de l'Espagne offre aux investisseurs étrangers des opportunités commerciales intéressantes dans les **secteurs stratégiques à forte valeur ajoutée** tels que les TIC, les énergies renouvelables, la biotechnologie, l'aérospatiale, l'environnement et l'automobile. De plus, le secteur des services est en plein essor, offrant de nombreuses opportunités dans les domaines du tourisme, de la restauration et de l'immobilier.

En raison de leur **position géostratégique privilégiée** et de leur prestige, les entreprises établies en Espagne ont accès, non seulement au vaste marché intérieur espagnol à fort pouvoir d'achat (plus de 47 millions de consommateurs), mais également à la région EMEA (Europe, Moyen-Orient et Afrique du Nord) et à l'Amérique latine.

Le gouvernement espagnol a mis en place des **mesures et des programmes de soutien** aux entrepreneurs tels que des incitations fiscales, des subventions, des prêts à taux réduit et des programmes d'accompagnement pour faciliter la création et le développement des entreprises.

L'Espagne dispose aussi d'une **solide infrastructure entrepreneuriale** avec de nombreux espaces de coworking, des incubateurs, des accélérateurs et des pôles d'innovation à travers le pays. Ces structures offrent des services de conseil, de mentorat, de formation et de réseautage.

Un autre grand avantage de l'Espagne réside dans son **système fiscal attractif** pour les entrepreneurs. L'État offre des incitations fiscales intéressantes : allégements fiscaux pour les start-ups, réglementations spéciales pour les entrepreneurs et mesures de soutien à l'investissement. Tout cela contribue à créer un environnement propice à l'entreprenariat et à l'innovation.

L'Espagne est également 30e dans le classement Doing Business, qui répertorie les pays en fonction de la facilité de création de nouvelles entreprises.

En résumé, l'Espagne représente une **terre favorable à l'expansion des entreprises**, tant pour les résidents espagnols que pour tous les étrangers à la recherche de nouveaux marchés. Ce pays ensoleillé est devenu un **véritable centre d'affaires européen** à part entière avec tous les éléments nécessaires à la réussite d'une entreprise. Être entrepreneur dans l'une des communautés autonomes d'Espagne est un **avantage considérable**.

Vous connaissez maintenant toutes les raisons pour lesquelles vous devriez ouvrir votre entreprise en Espagne plutôt qu'ailleurs.

2. Les différentes formes juridiques d'entreprise et leurs particularités

Pour s'implanter en Espagne, le choix de la structure juridique d'entreprise est **primordial**. Il détermine les responsabilités entrepreneuriales, les exigences en matière de capital social, les procédures de constitution, le régime fiscal et la flexibilité dans la gestion de l'entreprise. Par conséquent, il est essentiel de bien comprendre les particularités de chaque forme juridique afin de sélectionner celle qui correspond le mieux à la taille souhaitée de votre entreprise, à vos objectifs commerciaux, à vos besoins de financement ainsi qu'aux contraintes de la structure envisagée.

Globalement, il existe **plusieurs structures d'entreprise** sur le territoire espagnol. Une entreprise peut prendre la forme d'un simple enregistrement fiscal, d'un bureau de représentation, d'une succursale, d'une nouvelle société ou encore d'une entreprise individuelle. Le statut de travailleur indépendant nommé « *autónomo* » est également possible pour les personnes physiques.

• **Le NIF comme simple enregistrement fiscal**

Une entreprise française peut être répertoriée auprès de l'administration fiscale espagnole sans même détenir de structure juridique propre sur le territoire. Ainsi, l'entité reçoit simplement un **numéro d'identification fiscale** (NIF). Au premier abord, cette solution paraît **attrayante** mais **plusieurs inconvénients** sont à prendre en compte :

- Le NIF ne constitue pas une personnalité morale, ce qui signifie que la responsabilité est **illimitée**. La société française doit assumer l'intégralité des risques issus de son enregistrement local.
- Certaines **difficultés opérationnelles** quant à l'ouverture d'un compte bancaire ou lors de la signature d'un contrat téléphonique peuvent être rencontrées.
- L'entreprise étrangère **ne montre pas son souhait d'investir à long terme** sur le marché espagnol. Ainsi, certains travailleurs verront cette opportunité comme peu avantageuse. De plus, des **contraintes supplémentaires d'embauche** sont imposées telles que l'obtention d'un certificat digital avec la signature électronique et le numéro de l'employeur.

En règle générale, cette solution n'est **pas la plus recommandée** quand vous souhaitez vous installer sur le marché espagnol.

• **Le bureau de représentation**

Le bureau de représentation constitue une deuxième alternative pour s'implanter en Espagne. Cette solution permet aux entreprises françaises **d'exister légalement sans avoir une personnalité morale distincte**. Ce type de structure est rarement employé pour des activités de prospection commerciale ou d'autres fonctions créatrices de valeur. Elle est **généralement utilisée pour les activités de promotion ou d'étude du marché**.

À la différence d'un simple enregistrement fiscal, le bureau de représentation donne l'autorisation à l'entité de **signer** des contrats locaux et d'ouvrir un compte bancaire.

L'une des seules contraintes est qu'elle nécessite la **mise en place d'un acte notarié**. De plus, le recrutement et la facturation locale restent encore très contraignants. Le **risque fiscal** subsiste bel et bien.

Veuillez noter que l'enregistrement d'un bureau de représentation auprès d'un notaire prend **plusieurs mois**.

• **La création d'une succursale en Espagne**

En Espagne, la succursale est **répertoriée au Registre du Commerce**. Cette structure juridique permet aux entreprises déjà présentes à l'étranger d'étendre leurs activités sur le territoire espagnol et de bénéficier d'une **entité locale** sans avoir besoin de créer une entité juridique distincte ou d'apporter un capital social minimum.

La succursale peut être utilisée pour mener des **activités commerciales** dans le pays telles que la vente de produits et de services, la recherche et le développement, ainsi que la représentation commerciale. Par ailleurs, le concept de succursale est couramment employé dans les banques et les compagnies d'assurance.

Dépourvue de personnalité morale, la responsabilité de la succursale est directement **liée à celle de la société mère**. En effet, même si la succursale a la capacité de signer des contrats au nom de l'entreprise étrangère, il faut savoir que les actes juridiques engagent directement l'entreprise mère. Par conséquent, la mère est également **solidaire** des dettes, des obligations légales et des engagements contractuels de la succursale. De manière simplifiée, l'administration fiscale considère que les deux entités sont **une seule et même personne morale**.

La succursale est **soumise à l'impôt sur les sociétés** en Espagne, comme toute autre société espagnole. Cependant, les apports, les prêts et les frais de l'entreprise mère ne sont pas déductibles de l'IS espagnol.

De plus, les succursales établies en Espagne doivent se conformer à l'ensemble des **obligations comptables et fiscales espagnoles**. Cela comprend la tenue de comptes distincts de ceux de la société mère et l'obligation de transmettre régulièrement les déclarations fiscales. Il existe aussi certaines obligations propres à la succursale, notamment la **traduction et le dépôt en Espagne des comptes annuels de la société française**.

À noter que des conventions peuvent être conclues entre l'Espagne et le pays d'origine de la société étrangère pour **éviter la double imposition**.

Si vous possédez votre propre entreprise à l'étranger et que vous souhaitez vous développer sur le marché espagnol, la succursale semble être la **structure idéale** pour vous.

• **La création d'une société en Espagne sous forme de filiale**

La création d'une société en Espagne sous forme de filiale est une option **fréquemment utilisée** par les entreprises étrangères qui souhaitent s'implanter durablement sur le territoire espagnol de manière **autonome et distincte**.

Cette entité juridique est **dotée d'une personnalité morale propre** et bénéficie donc de la compétence nécessaire pour signer quelconque contrat, ouvrir un compte bancaire, facturer des clients ou encore répondre aux appels d'offres.

Elle peut prendre la forme d'une **société à responsabilité limitée** nommée « *Sociedad Limitada* » (SL) ou d'**une société anonyme** « *Sociedad Anónima* » (SA). Il s'agit des formes juridiques **les plus courantes** pour les filiales en Espagne, bien qu'il en existe d'autres telles que la société coopérative (*Sociedad Cooperativa*).

⚠️ La société à responsabilité limitée simplifiée (*Sociedad de Responsabilidad Limitada Nueva Empresa - SLNE*) n'existe plus depuis l'introduction de la Loi 18/2022 du 28 septembre sur la création et la croissance des entreprises.

La *Sociedad Limitada* est considérée, à ce jour, comme **la plus utilisée en Espagne** en raison de sa **grande flexibilité** et de sa **simplicité** de création. Créée par voie télématique au moyen d'un document électronique unique (DUE) via le CIRCE (*Centro de Información y Red de Creación de Empresas*), elle constitue la forme juridique **la plus adaptée aux petites et moyennes entreprises**, aux **entreprises familiales** ainsi qu'aux **sociétés avec très peu d'associés**. Les **caractéristiques principales** à connaître à propos de la *Sociedad Limitada* sont les suivantes :

- Une SL peut être constituée par **un ou plusieurs** associés.
- Elle doit être **inscrite** au Registre du Commerce.
- Le capital social minimum requis est de **1 euro**, et non plus 3 000 euros suite à l'adoption de la Loi 18/2022 du 28 septembre. Cependant, deux règles spécifiques sont à respecter : au moins **20 %** du bénéfice doit être affecté à la réserve légale, jusqu'à ce que la somme de la réserve légale et du capital social atteigne 3 000 euros ; en cas de liquidation, si l'actif de la société est insuffisant pour faire face aux obligations de la société, les actionnaires sont **solidairement responsables** de la différence entre le montant de 3 000 euros et le montant du capital souscrit.
- La responsabilité des associés est **limitée** au montant de leur apport en capital.
- La gestion peut être effectuée par **un ou plusieurs administrateurs** nommés par les associés.

- Le mandat de directeur peut être à durée **illimitée**.
- La modification des statuts est **flexible**.
- Les parts sociales constituent des **valeurs monétaires ou immobilières**, mais ne peuvent être des valeurs mobilières. Elles sont utilisées pour représenter la participation des associés et peuvent être tout à fait **inégales**. Leur **transfert** est généralement soumis à des restrictions prévues dans les statuts de la société.
- Elle est assujettie à l'**impôt sur les sociétés** (taux général de 25 %).

La *Sociedad Anónima* est également une forme juridique **populaire** en Espagne. Elle est **destinée aux entreprises de grande taille qui émettent des actions en bourse**. Pour vous aider à faire votre choix, voici une liste des particularités majeures :

- Une SA peut être composée d'**une seule personne**.
- L'entreprise doit être **inscrite au Registre du Commerce**.
- La société doit être **cotée en bourse**.
- Le capital social minimum requis est de **60 000 euros** avec un versement initial d'au minimum **25 %**.
- Elle peut détenir un nombre **illimité** d'actionnaires.
- La responsabilité des actionnaires est **limitée** au montant de leur participation au capital.
- La gestion et le système juridique sont **plus complexes** que pour une *SL*.
- La gestion de la société est confiée à un **conseil d'administration** composé d'administrateurs élus par l'assemblée générale des actionnaires.
- La modification des statuts nécessite l'**approbation** du conseil d'administration.
- Les actions sont émises pour représenter la participation des actionnaires et peuvent être **librement cédées**, sous réserve des droits de préemption des autres actionnaires.
- Les parts sociales constituent des **valeurs mobilières**. Il est possible d'émettre des obligations.
- Le mandat de directeur est d'une durée maximale de **6 ans** (4 ans si la société est cotée). Une **réélection** est possible.
- La SA est assujettie à l'**impôt sur les sociétés**, au taux général de 25 %.

Le choix entre la Sociedad Limitada et la Sociedad Anónima repose essentiellement sur les **perspectives d'ouverture du capital social aux investisseurs**. De manière générale, il est conseillé de **commencer par créer une SL** et, par la suite, effectuer une **transformation en SA** lorsque vous procéderez à l'introduction en bourse de votre entité. De ce fait, **la SL est la structure fréquemment retenue par les entreprises françaises implantées en Espagne.**

⚠️ À noter qu'il n'existe pas d'équivalent de la Société par Actions Simplifiée (SAS) en Espagne.

Selon vos projets, la **création d'une entreprise individuelle** peut s'avérer être l'option idéale. En effet, bien qu'elle soit souvent oubliée par les entrepreneurs, il s'agit probablement de **la meilleure solution pour une personne physique qui exerce une activité commerciale ou professionnelle de manière indépendante sans vouloir pour autant constituer une entité juridique distincte**. Ainsi, cette structure semble également intéressante pour les petites entreprises, les professions indépendantes n'impliquant pas de risques élevés ou de besoins financiers importants, et pour toutes les personnes dont l'activité ne nécessite pas de société pour être exercée (peintres, développeurs web, coiffeurs etc.). De plus, le processus de création est **relativement simple** et ne nécessite **aucun investissement initial**.

Cependant, l'entreprise individuelle présente un inconvénient considérable. Effectivement, il est important de savoir qu'il n'existe **pas de séparation juridique** entre le patrimoine personnel de l'entrepreneur et celui de l'entreprise. De ce fait, l'entrepreneur individuel supporte une **responsabilité illimitée** des dettes et des obligations contractées dans le cadre de son activité. Les biens personnels de l'entrepreneur peuvent être saisis en cas d'endettement.

Il est également primordial de noter que **certaines activités réglementées en Espagne nécessitent une forme juridique spécifique** et ne peuvent pas être exercées sous forme d'entreprise individuelle.

Concernant l'imposition, l'entrepreneur individuel est soumis à l'**impôt sur le revenu des personnes physiques (IRPF)** en Espagne. Il est tenu de déclarer les revenus de son activité et payer les impôts correspondants.

Dans le cas où vous prévoyez de générer des **revenus supérieurs à 60 000 euros** par an, il est **conseillé d'opter pour une société à responsabilité limitée**. En restant dans le système d'entreprise individuelle, vous risquez de supporter une charge importante d'impôts.

Enfin, il faut souligner l'importance de différencier le terme « *autónomo* » qui signifie « indépendant » et « auto-entrepreneur » de l'entreprise individuelle. Ce sont **deux concepts complétement distincts**.

La principale divergence réside dans le fait que **l'entreprise individuelle correspond à une forme juridique d'entreprise**, alors que **l'autónomo se réfère à un statut fiscal** et à l'inscription de l'individu auprès de la sécurité sociale en tant que travailleur indépendant.

Un auto-entrepreneur est qualifié comme une **personne physique qui travaille pour son compte sans contrat de travail et dont l'activité constitue son revenu principal**. Cette activité doit être effectuée de manière **régulière et habituelle**. C'est le seul statut juridique en Espagne qui n'exige pas la constitution d'une société.

Très souvent, une personne qui exerce une activité en tant qu'auto-entrepreneur est aussi considérée comme une entreprise individuelle, en raison de sa responsabilité des dettes et de l'indépendance de son activité. Cependant, dans le cas où l'activité est exercée en tant que personne physique sans création d'entité distincte, il est possible d'être *autónomo* sans avoir d'entreprise individuelle.

B) La création d'entreprise en Espagne pour les étrangers

Avec son économie dynamique et son environnement favorable à l'entrepreneuriat, l'Espagne attire chaque année un grand nombre d'entrepreneurs étrangers. Cependant, intégrer le monde des affaires en tant qu'étranger peut présenter des **défis particuliers**. Des procédures telles que l'obtention d'un numéro d'identification fiscale, l'immatriculation de la société et l'enregistrement auprès des autorités sont indispensables pour démarrer une activité légale dans le pays.

1. Les étapes de création d'une entreprise

Si vous souhaitez créer une entreprise en Espagne, il est **primordial** de connaître l'ensemble des démarches nécessaires à la réalisation de votre projet. Que vous soyez citoyen espagnol ou expatrié, ouvrir une entreprise en Espagne requiert une planification minutieuse des étapes clés, une connaissance approfondie des exigences légales et administratives ainsi qu'une capacité d'adaptation aux caractéristiques du marché espagnol. Tout cela afin de garantir la viabilité, la légalité et le respect des lois et réglementations en vigueur.

La procédure peut **varier** considérablement selon l'identité de l'entrepreneur. Évidemment, il sera beaucoup plus facile et rapide pour un citoyen espagnol de créer une entreprise en Espagne que pour un étranger. Ainsi, nous allons voir quelles sont les **principales étapes à suivre en tant que ressortissant de l'UE**, et plus particulièrement en tant que citoyen français qui souhaite entreprendre sur le territoire.

1. Vérifier les conditions requises

La **première étape** consiste à vous assurer que vous remplissez toutes les conditions requises pour devenir un entrepreneur étranger à la tête d'une entreprise espagnole.

Pour cela, voici les **conditions principales à remplir** pour ouvrir une entreprise en Espagne en tant qu'expatrié :

- Avoir la capacité de **vivre et travailler légalement** en Espagne. Si vous êtes ressortissant de l'Union européenne vous détenez automatiquement ce droit. Si vous n'êtes pas citoyen de l'UE, vous devez obtenir un visa et un permis de travail spécifiques.
- Être âgé de **plus de 18 ans**.
- Ne **pas avoir de casier judiciaire** en Espagne ou dans un autre pays.
- Ne **pas être interdit** par les autorités espagnoles de gérer des entreprises.

Veuillez noter qu'**il n'est pas obligatoire d'être résident espagnol** pour créer une société sur le territoire espagnol. **En tant que citoyen français, vous avez le droit d'ouvrir une entreprise en Espagne, même si vous résidez à l'étranger.** Cependant, il est important de savoir qu'il existe certaines exigences pour la représentation légale des entreprises en Espagne. Lors de la création de votre société, vous êtes tenus de **désigner un représentant légal résidant en Espagne**. Ce représentant légal peut être une personne physique ou une société de services juridiques qui sera responsable de diverses obligations légales et administratives en votre nom.

Après avoir mené une étude de marché approfondie pour évaluer la faisabilité de votre projet et élaborer votre plan d'affaires exposant votre stratégie commerciale, vos objectifs et vos projections financières, **une série de démarches administratives vous attend**.

2. L'obtention de votre NIE

Que vous soyez ressortissant de l'UE ou citoyen non européen, vous devez obtenir votre **numéro d'identification d'étranger**, ou autrement dit en espagnol « *Número de Identidad de Extranjero* » (NIE).

D'après le ministère espagnol des Affaires étrangères, de l'Union européenne et de la Coopération :

> Le NIE est un numéro personnel, unique et exclusif attribué aux étrangers qui, en raison de leurs intérêts économiques, professionnels ou sociaux, sont liés à l'Espagne, à des fins d'identification.

Ainsi, il s'agit d'une **démarche essentielle** à réaliser en tant qu'employeur espagnol ou travailleur indépendant.

Le NIE n'a **plus de durée de validité** et permet d'effectuer l'ensemble des démarches auprès des administrations publiques espagnoles.

Vous pouvez obtenir votre NIE **directement en Espagne** en vous rendant à l'*Oficina de Extranjeros* (**Bureau des étrangers**) ou auprès du **consulat de votre pays d'origine**. La démarche pour obtenir votre NIE a été développée à la page 14.

Il est important de souligner que le NIE ne représente en aucun cas une preuve de résidence en Espagne. Il ne s'agit donc pas d'un permis de séjour pour les citoyens non-membres de l'UE.

De plus, il faut garder à l'esprit que le numéro NIE est **différent** du numéro d'identification fiscale (NIF) de l'entreprise. Pour ouvrir une entreprise en Espagne, il est nécessaire de **détenir les deux**.

3. Le choix de la forme juridique

Lorsque vous envisagez de créer votre entreprise en Espagne, le choix de la forme juridique est une **étape cruciale**.

Bien que **deux grands types de sociétés commerciales** soient majoritairement présents sur le marché espagnol, la *Sociedad Limitada* et la *Sociedad Anónima*, vous devez choisir la structure qui correspond le mieux à vos besoins. Votre choix doit être réalisé en prenant en compte **divers facteurs** tels que les exigences de capital, la responsabilité des actionnaires etc.

Vous retrouverez très certainement des similitudes avec les structures françaises, mais chaque forme juridique possède ses **propres caractéristiques** avec ses avantages et ses inconvénients.

Afin de mieux comprendre, nous vous recommandons de lire la section « Les différentes formes juridiques d'entreprise et leurs particularités » page 100.

4. L'obtention de la dénomination sociale

Une fois le nom de votre société en Espagne choisi, il est primordial de **vérifier sa disponibilité**. Cela signifie qu'il faut regarder si votre idée n'est pas déjà utilisée ou ne ressemble pas au nom d'une autre société, afin d'éviter d'induire les clients en erreur et de bénéficier de la notoriété d'une société déjà existante sur le marché.

Vous pouvez consulter tous les noms commerciaux passés et actuels auprès du « *Registro Mercantil Central* », ou Registre de Commerce en français, via le site Internet suivant : https://www.rmc.es/Home.aspx.

Lorsque cette vérification a été effectuée et que votre nom ne semble pas utilisé, vous devez vous rendre sur la page suivante : https://www.rmc.es/Denosolicitud.aspx?lang=es et cliquer sur « *Solicitar certificado* » afin d'*inscrire votre nom* au Registre de Commerce espagnol.

Il est fréquent de suggérer **cinq dénominations différentes** à classer dans l'ordre de préférence afin de ne pas retarder la procédure en cas d'indisponibilité de la dénomination souhaitée.

En règle générale, il faut compter entre **3 et 5 jours d'attente** pour la vérification.

Dans le cas où la dénomination serait retenue, vous bénéficiez d'un **délai de 90 jours** pour créer l'entreprise sous le nom approuvé.

En cas de doute, veuillez retrouver les **informations importantes** concernant les démarches nécessaires à l'obtention de votre certificat ainsi que les tarifs proposés dans l'onglet « *denominaciones sociales* » du site Internet de la RMC.

5. L'ouverture d'un compte bancaire

L'ouverture d'un compte bancaire espagnol est une **étape indispensable** lors de la création de votre société.

Une multitude de **banques nationales** (Banco Santander, BBVA, CaixaBank, Banco Sabadell) et **internationales** (Crédit Agricole, BNP Paribas, Deutsche Bank) sont présentes sur le territoire. Avant de déterminer vers quelle banque vous diriger, il est **fortement recommandé d'effectuer des recherches en amont et de comparer** les services offerts par les différentes institutions financières. Concrètement, l'idéal est de sélectionner une banque qui a l'habitude de travailler avec les entreprises de même envergure que la vôtre. Il n'est pas intéressant de choisir une banque destinée aux grands comptes si vous êtes une petite ou moyenne entreprise. Certaines banques spécialisées dans les services aux entreprises peuvent proposer des solutions adaptées à vos besoins.

Une fois votre sélection faite, vous devrez **vous rendre sur place** car la plupart des banques espagnoles n'acceptent pas les démarches à distance.

De plus, n'oubliez pas d'apporter avec vous les **documents suivants** :

- Votre carte d'identité ou votre passeport en cours de validité,
- Votre NIE,
- Votre *Padrón* ou votre certificat de non-résidence,
- Votre justificatif de domicile.

En moyenne, l'ouverture d'un compte bancaire dans une banque espagnole prend **une à deux semaines**, tandis que dans les banques internationales il faut compter **un mois**. En fonction de la structure d'entreprise choisie, vous devrez déposer le capital social minimum requis à l'ouverture du compte.

6. La rédaction des statuts

La rédaction des statuts est également une **étape clé** de la création d'une société. C'est pourquoi les statuts de la société doivent être rédigés **avec soin**.

Ces derniers **doivent mentionner** : la dénomination sociale, les activités, le capital social, les règles de fonctionnement et de gouvernance de l'entreprise, les droits et obligations des actionnaires, etc. En d'autres termes, ils détailleront **l'ensemble des normes** qui s'appliquent à votre entité.

Pour vous assurer que vos statuts soient conformes à la législation espagnole et qu'ils répondent aux besoins spécifiques de la société, **il est recommandé de faire appel à un avocat spécialisé en droit des affaires** en Espagne pour rédiger les statuts de votre entreprise.

7. La signature de l'acte public de constitution

Une fois vos statuts correctement rédigés, vous devez vous rendre chez un **notaire** afin de signer l'acte public de constitution de la société.

Pour ce rendez-vous, vous serez amené à fournir le certificat obtenu par le *Registro Mercantil* lors de l'enregistrement de la dénomination sociale, les statuts que vous aurez préalablement créés ainsi qu'un certificat bancaire qui atteste du dépôt du capital social.

Quand tout aura été vérifié, le notaire vous transmettra une **copie de l'acte de constitution** dans lequel **votre nom** ainsi qu'**un numéro d'identification fiscale (NIF) provisoire** seront inscrits.

8. L'inscription au Registre de Commerce et l'obtention du NIF définitif

Dans un **délai de deux mois** à compter de la date de constitution de la société, vous devez **enregistrer votre société au Registre de Commerce**.

Cette inscription permet de donner une **existence légale** à votre entreprise et de la faire apparaître officiellement dans le registre public des entreprises.

Pour effectuer l'inscription de votre société auprès du Registre de Commerce compétent selon votre zone géographique, vous devez préparer les **documents suivants** :

- Les statuts de la société,
- L'acte de constitution délivré par le notaire attestant que la société a été correctement constituée,
- Les formulaires d'inscription fournis par le Registre de Commerce dûment remplis.

Vous devrez également payer des **frais d'inscription**. Le montant dépend du capital social de votre société.

À la suite de cela, le Registre de Commerce espagnol examinera vos documents pour vérifier leur conformité aux exigences légales.

Une fois qu'ils seront approuvés, **votre société sera inscrite au Registre de Commerce**. Vous recevrez un **certificat d'inscription** qui atteste de la création légale de votre entreprise. Ce certificat comporte les informations essentielles sur votre société comme le nom, le numéro d'identification fiscale définitif, la forme juridique, la date de la constitution, l'adresse du siège social, le montant du capital social etc. Ce document est **essentiel** et peut être demandé lors de transactions commerciales, de demandes de financement, de contrats avec des tiers…

Après l'inscription, **votre société sera publiée dans le Bulletin Officiel du Registre de Commerce**, nommé « *Boletín Oficial del Registro Mercantil* ». Cette publication officielle rend l'inscription opposable aux tiers et offre une visibilité à votre entreprise.

À savoir que le Registre de Commerce espagnol est un **registre public**, ce qui signifie que les informations concernant votre entreprise sont accessibles à toute personne intéressée. Cela favorise la **transparence** dans les transactions commerciales en Espagne.

Globalement, effectuer l'ensemble de ces étapes prend du temps. La création d'une entreprise en Espagne est un processus dit **séquentiel**, ce qui signifie que **chaque étape est indispensable pour passer à la suivante**. Cela peut donc prendre **3 à 6 mois** en moyenne. Notez qu'il faut généralement **éviter les mois d'août et de décembre**. Les délais administratifs ont tendance à être allongés durant ces périodes.

D'autant plus que la **barrière de la langue** peut entraver la communication entre vous et les institutions espagnoles. Confier la création de votre entreprise à des **professionnels expérimentés** peut s'avérer être une bonne alternative pour minimiser les délais et les coûts mais également vous permettre de vous concentrer davantage sur le développement de votre entreprise.

Concernant le budget à prévoir pour la création d'une société en Espagne, il est **difficile de déterminer un montant exact et universel**. Cela dépendra de divers facteurs tels que le capital social, les honoraires du notaire, les frais d'enregistrement au registre commercial, les locaux, les licences et les autorisations spécifiques pour certains secteurs, etc. Les coûts peuvent également **varier** en fonction de la forme juridique choisie, de la région dans laquelle vous souhaitez vous implanter ainsi que du secteur d'activité. **Pour obtenir une estimation plus précise en fonction de votre projet, il est préférable de consulter un expert.**

Pour devenir travailleur indépendant ou autrement dit « *autónomo* » en Espagne, le processus est **légèrement différent** puisque vous n'avez pas besoin de vous inscrire en tant que société. Les étapes sont **relativement rapides** et comprennent notamment :

1. L'inscription auprès de l'*Agencia Tributaria*

En tant que citoyen français qui souhaite devenir travailleur indépendant en Espagne, la **première étape** constitue à **s'enregistrer auprès du centre des impôts** le plus proche de votre domicile.

Pour cela, voici les **documents** dont vous aurez besoin :

- Votre pièce d'identité (carte d'identité ou passeport),
- Votre NIE,
- Le formulaire 036 dûment rempli, ou le formulaire simplifié 037 en fonction de votre activité et votre situation personnelle. Les deux formulaires sont disponibles ici :

https://www.hacienda.gob.es/Documentacion/Publico/NormativaDoctrina/MAIN/MAIN_2017/ANEXO%20II%20-%20Modelo%20036.pdf (modèle 036)
https://www.hacienda.gob.es/Documentacion/Publico/NormativaDoctrina/MAIN/MAIN_2017/ANEXO%20III%20-%20Modelo%20037.pdf (modèle 037)

Dans le cas où **vous envisagez de facturer hors du territoire espagnol**, il faudra utiliser le formulaire 036 afin d'effectuer une demande de NIF-IVA. Ce numéro d'identification à la TVA est **indispensable** pour réaliser certaines transactions intracommunautaires.

2. L'inscription à la sécurité sociale

En tant qu'*autónomo*, vous êtes tenus de vous **affilier au régime de la Sécurité sociale espagnole**.

Après votre inscription à l'*Agencia Tributaria*, vous disposez de 60 jours pour vous rendre dans un **bureau de la** *Tesorería General de la Seguridad Social* (TGSS) afin de vous enregistrer au régime spécial des travailleurs indépendants (*Régimen Especial de Trabajadores Autónomos – RETA*).

Il s'agit du régime spécial des travailleurs autonomes qui vous donne accès aux prestations sociales et à la couverture santé. Pour procéder à votre inscription, vous aurez besoin de :

- Votre carte d'identité ou votre passeport,
- Votre NIE,
- La copie du formulaire rempli à l'étape précédente (036 ou 037),
- Le formulaire de déclaration d'activité économique rempli (modèle TA.0521) :

https ://www.seg-social.es/wps/wcm/connect/wss/da566d03-f195-4838-b151-391aa0dbcf50/TA_0521_1+Simplificada+%28V9%29.pdf ?MOD=AJPERES&CVID

- Le numéro de votre compte bancaire espagnol et votre domiciliation bancaire de la TGSS, afin de prélever les cotisations mensuelles.

3. L'ouverture d'un local (si nécessaire)

Pour exercer votre activité, vous pouvez être amené à **louer ou acheter un local**. Pour cela, il faudra vous diriger vers la mairie afin d'obtenir une « *licencia de apertura* » qui signifie licence d'ouverture. Cette étape n'est évidemment **pas obligatoire** et dépend principalement de la nature de votre activité. De ce fait, exercer votre profession à domicile ou dans des espaces de coworking est également possible.

4. Le paiement des frais

Lors de l'inscription en tant qu'*autónomo*, vous devez payer des frais administratifs tels que les frais d'enregistrement au régime spécial des travailleurs indépendants, les frais d'immatriculation au registre de la sécurité sociale et d'autres frais administratifs liés à votre activité. Sans oublier les frais de fonctionnement tels que les cotisations sociales, l'achat de matériel, la location d'un espace de travail, les frais de comptabilité, de marketing et de déplacement ainsi que certaines licences et autorisations.

Gardez à l'esprit que tous **ces coûts peuvent différer considérablement** selon votre secteur d'activité, votre emplacement ou vos besoins personnels. Nous vous recommandons de consulter un expert-comptable, un avocat fiscaliste ou un conseiller spécialisé, pour obtenir une estimation précise des coûts liés à votre situation d'*autónomo* en Espagne.

2. Les obligations fiscales

Lorsque qu'un entrepreneur étranger décide d'ouvrir son entreprise en Espagne, il est **primordial** de comprendre les obligations fiscales qui le concerne. En effet, l'Espagne dispose d'un **système fiscal qui lui est propre**, avec des règles spécifiques qui s'appliquent à tous ceux qui exercent une activité au sein du pays. Le respect des obligations fiscales est essentiel pour éviter les amendes ainsi que les problèmes juridiques. De plus, la compréhension de ces obligations est **cruciale** pour assurer une gestion financière saine de l'entreprise et pour établir une présence entrepreneuriale solide et légale en Espagne.

Les citoyens français qui possèdent une société en Espagne sont **soumis à certains impôts et obligations fiscales**. Les principaux impôts auxquels les entreprises peuvent être assujetties en Espagne sont les suivants :

- L'impôt sur les sociétés (*Impuesto sobre Sociedades*) : Toutes les sociétés résidentes, qu'elles soient nationales ou étrangères, doivent payer cet impôt sur leurs **bénéfices imposables générés en Espagne**. Le taux général d'imposition des sociétés est actuellement de 25 %. Cependant, il existe également des taux d'imposition réduits qui s'appliquent aux petites et moyennes entreprises ainsi qu'à certaines activités spécifiques. Un taux d'imposition de 15 % peut être accordé aux **entreprises nouvellement créées** pendant leurs deux premières années bénéficiaires.

Concernant le fonctionnement, les sociétés espagnoles sont tenues de payer **trois versements anticipés** en avril, octobre et décembre de chaque année (modèle 202), qui sont déductibles en tant qu'impôt définitif. Ces acomptes sont calculés sur la base des bénéfices estimés de la société et d'un pourcentage des bénéfices imposables prévus pour l'exercice en cours. Les paiements d'acomptes et les retenues à la source sont déduits de la déclaration annuelle de l'exercice correspondant.

À la fin de l'exercice fiscal, les entreprises sont tenues de présenter leur **déclaration** de l'impôt sur les sociétés (modèle 200) dans les **six premiers mois de l'année suivant l'exercice fiscal**. Si les acomptes trimestriels déjà versés excèdent le montant total de l'impôt dû, la société peut bénéficier d'un **remboursement**. Dans le cas contraire, si le montant total de l'impôt dû dépasse les acomptes déjà payés, la société doit **régler** la différence.

- L'impôt sur la valeur ajoutée (*Impuesto sobre el Valor Añadido – IVA*) : Il s'agit d'un **impôt sur la consommation** en Espagne. Les entreprises assujetties à la TVA en Espagne sont tenues de **collecter** cette taxe sur leurs ventes de biens ou de services. Toute TVA collectée **doit être déclarée et reversée** aux autorités fiscales espagnoles. En Espagne, il existe **trois principaux taux de TVA** : le taux normal de 21 % applicable à la plupart des biens et des services, le taux réduit de 10 % qui concerne notamment les produits alimentaires de base, les médicaments en vente libre, les transports et la construction de logement, et un taux super réduit de 4 % pour les produits alimentaires de base non transformés, les médicaments sur ordonnance, les livres, journaux et magazines etc.

Attention, **la TVA ne s'applique pas aux îles Canaries, à Melilla et à Ceuta.** L'impôt indirect général des Canaries (**IGIC**) est appliqué dans les îles Canaries au taux général de **7 %**. Les enclaves espagnoles de Ceuta et Melilla sont assujetties à un autre impôt indirect nommé **IPSI** (impôt sur la production, les services et les importations).

Les sociétés sont tenues de déposer des **déclarations périodiques** de TVA. Chaque année, l'entreprise est dans l'obligation d'établir des **déclarations trimestrielles** (formulaire 303) et une **déclaration annuelle récapitulative** (formulaire 390).

- Les impôts locaux : Selon l'emplacement de votre société, des impôts locaux peuvent s'appliquer tels que **la taxe professionnelle locale** (*Impuesto sobre Actividades Economicas – IAE*) et d'autres taxes propres à chaque municipalité ou région. L'impôt sur l'activité économique s'applique aux entreprises et aux professionnels qui exercent **certaines activités économiques spécifiques**. Cependant, toutes les entreprises créées depuis moins de deux ans ou qui réalisent un chiffre d'affaires inférieur à 1 million d'euros sont exonérées.

Les ressortissants français qui possèdent une entreprise sur le territoire espagnol doivent également satisfaire certaines **obligations fiscales**. Nous pouvons citer principalement :

- **Les retenues à la source** : Selon le type de revenu perçu, des retenues à la source peuvent être appliquées. De ce fait, dans le cas où la société emploie du personnel en Espagne, elle doit effectuer des retenues à la source sur les salaires pour les impôts sur le revenu et les cotisations de sécurité sociale des employés.
- **Les cotisations sociales** : Les entreprises espagnoles sont tenues de verser les cotisations sociales correspondantes pour leurs employés. Ces dernières couvrent les prestations de sécurité sociale telles que les soins de santé, les accidents du travail, les prestations de retraite et l'assurance chômage.
- **Les déclarations fiscales périodiques** : En fonction de leurs obligations, les sociétés doivent fournir des déclarations fiscales périodiques comme les déclarations trimestrielles ou annuelles. Cela peut inclure les déclarations de TVA, les déclarations d'impôt sur les sociétés, et d'autres.

Il est important de noter que les impôts ainsi que les obligations fiscales peuvent **varier** en fonction de la structure juridique de la société, de son secteur d'activité et d'autres critères spécifiques. Il est donc recommandé de consulter des **experts en fiscalité espagnole** pour obtenir des informations précises applicables à votre entreprise.

En Espagne, les **travailleurs indépendants** (*autónomos*) ne sont **pas assujettis aux mêmes impôts et obligations fiscales que les entités morales**. En effet, les principaux impôts auxquels les indépendants doivent faire face sont :

- **L'impôt sur le revenu des personnes physiques** (*Impuesto sobre la Renta de las Personas Físicas – IRPF*) : Tout *autónomo* considéré comme **résident fiscal** espagnol (c'est-à-dire qu'il passe plus de 183 jours sur le territoire au cours d'une année civile ou que ses intérêts économiques se trouvent en Espagne) est **soumis** aux règles de cet impôt. L'Espagne utilise un **système d'imposition progressif** avec plusieurs tranches. Ces tranches varient selon le montant du revenu imposable. **Plus vous générez de revenus, plus le pourcentage de l'impôt sera conséquent.** Actuellement, la première tranche d'imposition s'élève à **19 %** dès le premier euro et grimpe jusqu'à **47 %** à partir de 300 000 euros.

Les *autónomos* doivent **déclarer leurs revenus** et les inclure dans leur base imposable. La **base imposable** est calculée en déduisant les dépenses liées à l'activité professionnelle des revenus bruts. Il existe également des **déductions fiscales** auxquelles ils peuvent prétendre selon leur situation personnelle et professionnelle. En outre, certaines dépenses professionnelles telles que les frais de bureau, les fournitures et les frais de déplacement peuvent être **déductibles**. Il est important de garder une **documentation appropriée** pour justifier ces dépenses en cas de demande de l'administration fiscale.

Les travailleurs indépendants sont tenus de verser des **acomptes anticipés trimestriels** sur la base de leurs revenus estimés et du taux d'imposition applicable. Ces paiements anticipés sont effectués en utilisant les modèles de déclaration fiscale « **modèle 130** » ou « **modèle 131** » en fonction de la nature de l'activité.

- **L'impôt sur le revenu des non-résidents** (IRNR) : Comme son nom l'indique, cet impôt **concerne les individus qui n'ont pas leur résidence fiscale en Espagne mais qui obtiennent des revenus sur le territoire**. Le taux d'impôt peut varier en fonction du type de revenu. Pour les non-résidents qui exercent une activité économique en Espagne, ils sont généralement soumis à un taux d'imposition de **19 %**.

En tant qu'*autónomo* non-résident en Espagne, vous devez effectuer des **paiements anticipés trimestriels** sur la base de vos revenus estimés. Pour cela, vous devrez utiliser le « **modèle 210** » de déclaration fiscale.

- **L'impôt sur la valeur ajoutée** (*Impuesto sobre el Valor Añadido – IVA*) : Il s'agit d'une **taxe sur la consommation** qui s'applique en Espagne, y compris pour les travailleurs indépendants. Un *autónomo* dont l'activité professionnelle implique la **vente de biens ou de services soumis à la TVA**, doit **collecter** cette dernière sur ses ventes et la **reverser** à l'administration fiscale espagnole. Les trois taux sont similaires à ceux appliqués aux sociétés : **taux général de 21 %, taux réduit de 10 % et taux super réduit de 4 %**.

Les travailleurs indépendants peuvent **déduire** la TVA qu'ils ont payée sur les biens et services nécessaires à leur activité professionnelle (achats de matériel, consommables, prestations professionnelles, etc.).

Les *autónomo*s sont tenus d'**émettre des factures** pour l'ensemble de leurs transactions soumises à la TVA. Les factures doivent contenir les **informations obligatoires** suivantes : les coordonnées de l'*autónomo* et du client, les détails des biens ou services fournis, le montant de la TVA.

La déclaration et le paiement de la TVA sont effectués **périodiquement** en fonction du volume d'activité de l'*autónomo*. En règle générale, les déclarations sont réalisées **mensuellement ou trimestriellement**.

> Les *autónomos* dont le chiffre d'affaires annuel ne dépasse pas un certain seuil peuvent bénéficier du **régime de la petite entreprise** appelé « *régimen simplificado* ». Dans le cadre de ce régime, l'autónomo paie un montant forfaitaire de TVA au lieu de calculer et de déclarer la TVA pour chaque transaction individuelle.

- **Impôts locaux** : Selon la région ou la municipalité dans laquelle vous opérez, vous pouvez être soumis à certains impôts locaux tels que la **taxe professionnelle locale** (*Impuesto sobre Actividades Economicas*).

Si vous avez besoin de conseils précis sur l'impôt qui vous concerne en tant que travailleur indépendant, nous vous recommandons fortement de consulter un **expert-comptable** ou un **conseiller fiscal spécialisé** en Espagne. Ces professionnels pourront vous **guider dans le calcul de votre impôt à payer**, à **remplir correctement vos déclarations** et à **vous informer sur les déductions fiscales** dont vous pouvez bénéficier.

Les travailleurs indépendants doivent également respecter **certaines obligations fiscales** :

- **La tenue des registres comptables** : En tant qu'*autónomo*, vous devez tenir des registres comptables de l'ensemble de vos activités commerciales. Cela consiste à enregistrer toutes les transactions commerciales, les revenus, les dépenses et les factures liées à votre activité. Il est conseillé de faire appel à un expert pour vous aider à tenir une comptabilité adéquate et à respecter les obligations légales.
- **Le paiement des impôts** : Vous devez payer vos impôts et cotisations sociales. Cela comprend principalement l'IRPF ou l'IRNR selon votre résidence fiscale et l'impôt sur la valeur ajoutée. Les paiements doivent être effectués régulièrement selon les échéances fixées par les autorités espagnoles.
- **Les cotisations sociales** : L'*autónomo* est également tenu de s'inscrire à la sécurité sociale espagnole (*Seguridad Social*) et de payer les cotisations sociales correspondantes. Ces cotisations permettent de bénéficier de la protection sociale, notamment pour avoir accès aux soins de santé et aux prestations sociales.

C) Les aides pour la création d'entreprise en Espagne

Pour faciliter le démarrage et la croissance des entreprises en Espagne, le gouvernement et les autorités ont mis en place un **large éventail de mesures d'accompagnement et de soutien financier** pour les étrangers qui souhaitent démarrer une entreprise dans le pays. Ainsi, si vous détenez une idée innovante ou que vous cherchez à développer votre activité existante, vous pouvez être éligible à de multiples financements publiques ou privés, des subventions, des services de conseil, des programmes d'incubation et d'accélération adaptés à vos besoins, et bien d'autres aides.

1. Les différents moyens de financement d'entreprise

Un financement d'entreprise adéquat est **primordial** pour ouvrir votre entreprise en Espagne, et cela pour de nombreuses raisons. En effet, l'entreprise sera affectée par le mode de financement choisi, de sa création à son expansion. Ainsi, trouver une source de financement est **l'un des principaux enjeux** pour l'ensemble des entrepreneurs qui souhaitent lancer leur entreprise en Espagne. Malheureusement, cette recherche peut s'avérer **plus compliquée que prévu** et représenter un **temps considérable** dans le processus de démarrage. C'est pourquoi les investisseurs sont souvent un moyen précieux pour une grande partie des professionnels. Gagner leur confiance permet de transformer une simple idée en un projet qui voit le jour.

Les entrepreneurs peuvent avoir recours à divers moyens pour financer leur projet. Voici une liste des **principaux financements** pour la création d'entreprise en Espagne :

- La première solution est l'**autofinancement**. Cela consiste à utiliser ses propres ressources financières telles que ses **revenus**, son **épargne**, ses **investissements** ou encore ses **biens immobiliers**. Des membres de la **famille** ou des **amis** peuvent également être un appui financier considérable. L'autofinancement est souvent une manière de prouver votre confiance ainsi que votre engagement dans le projet, et peut constituer un signal positif pour attirer d'autres sources de financement.

- Les **prêts traditionnels** (*prestamos* en espagnol) sont aussi une solution courante pour créer son entreprise. Les demandes des prêts s'effectuent auprès des **banques privées** (Banco Santander, BBVA, CaixaBank etc.) ou des **banques publiques** espagnoles telles que l'*Instituto de Crédito Oficial*. Les autoentrepreneurs doivent présenter un **plan d'affaires solide** et des **garanties** pour espérer obtenir un prêt pour financer leur projet. **Comparer** les différentes offres est une étape essentielle pour réussir à décrocher les conditions les plus avantageuses. À noter que **diverses institutions financières locales** sont également présentes dans les régions autonomes d'Espagne et peuvent octroyer des prêts pour encourager la création de nouvelles entreprises sur le territoire.

- Les nouvelles entreprises peuvent également obtenir des **subventions** au niveau **européen**, **national**, **régional** et **municipal**. En effet, le gouvernement espagnol ainsi que les autorités régionales et locales, offrent une large gamme de subventions (*subvenciones*) et d'**aides financières** (*ayudas*) pour soutenir les projets d'entreprenariat. Pour trouver les aides disponibles qui correspondent à votre situation, n'hésitez pas à vous diriger vers la **mairie** de votre ville et à vous adresser à des **professionnels** qui sauront vous guider. Concernant les critères d'admissibilité et les procédures de demande, ces derniers diffèrent grandement en fonction du **programme** et de l'**organisme sollicité**.

- La **ligne de crédit** (*póliza de crédito* ou *cuenta de crédito*) peut aussi être un moyen de financement intéressant en tant qu'entrepreneur pour faire face aux **dépenses ponctuelles**. Le fonctionnement est très simple : **la banque met à disposition un montant de liquidités dans lequel vous pouvez vous servir sans faire de prêt ni vous retrouver à découvert**. La négociation est **essentielle** pour déterminer la somme mise à disposition, la durée et les frais qui s'imposent.

- Les **business angels** sont un autre moyen de financer une entreprise naissante. S'ils sont convaincus par votre projet, ces **investisseurs privés** vous soutiendront financièrement. Grâce à leur **réseau** et leur **expérience**, ils peuvent aussi vous accompagner dans le développement de votre entreprise. Ainsi, il s'agit d'une **collaboration idéale** pour les jeunes entrepreneurs qui ont besoin d'un soutien financier et d'une aide à la décision. À savoir que les business angels sont généralement **regroupés** sous forme de réseaux. En Espagne, l'Association Espagnole des Business Angels (AEBAN) regroupe la plupart d'entre eux. Des groupes locaux sont également présents : AABAN (Andalousie), ARABAN (Aragon), ASBAN (Asturies), et beaucoup d'autres.

- Le **crowdfunding** est également un moyen de financement considérable pour les entrepreneurs en phase de création. Cette nouvelle technique à succès correspond à un **financement participatif**. Plus concrètement, les entrepreneurs vont présenter leur projet sur des **plateformes en ligne** et solliciter des **contributions financières de la part du grand public**. Dans le cas où les internautes sont séduits par le projet, ils vont donner une participation financière afin que ce dernier puisse voir le jour. Cela peut prendre la forme de **dons**, de **prêts** ou de **participations au capital**. Ce système devient de plus en plus **fréquent** et est considéré comme une véritable alternative face à la réticence des banques à accorder des prêts. En Espagne, il existe des plateformes réputées telles que **Verkami.com**, **Lanzanos.com**, **Crowdcube.com** ou encore **Kickstarter.com**.

- Les **sociétés de capital-risque** investissent dans des startups en démarrage à **fort potentiel** et à **haut risque**. En règle générale, leurs investissements sont tournés vers les entreprises à **forte intensité technologique** (TIC, biotechnologie et logiciels). L'Association espagnole du Capital, de la Croissance et de l'Investissement (ASCRI) est l'organisation qui représente le secteur espagnol du capital privé. Les principaux fonds nationaux de capital-risque sont **Axon Partners Group**, **Kibo Ventures** et **Active Venture Partners**.

- Pour financer votre entreprise en Espagne, vous pouvez faire appel à des **associations spécialisées**. À titre d'exemple, il existe le **Réseau Entreprendre**. Cette association française à but non lucratif a pour vocation d'**aider la nouvelle génération d'entrepreneurs** et **favoriser la création d'entreprise** en Espagne et à l'international. Concrètement, l'**entraide** est le mot clé ici. Des chefs d'entreprise expérimentés transmettent leur savoir-faire et partagent leur vécu afin que cela soit utile à de nouveaux chefs d'entreprise. Côté financement, le comité d'engagement peut vous donner un **tremplin financier** en vous accordant un prêt d'honneur ainsi qu'un accompagnement dans le processus de création.

En bref, **les opportunités de financement d'entreprise ne manquent pas en Espagne**. C'est maintenant à vous de choisir judicieusement celui qui convient le mieux à vos besoins ainsi qu'à votre projet.

Cependant, n'oubliez pas que les options de financement peuvent **varier** selon le secteur d'activité et la région. Il est fortement recommandé de **contacter l'organisation choisie** pour connaître les conditions spécifiques qui s'appliquent.

2. Les programmes d'accompagnement pour la création d'entreprise

Pour favoriser l'internationalisation des entreprises, l'Espagne propose des **programmes spécifiques d'accompagnement et de soutien** aux entrepreneurs étrangers qui souhaitent développer leurs activités sur le territoire. Ces programmes visent à apporter des **conseils**, des **ressources** et des **contacts** aux entrepreneurs afin de faciliter le processus de création d'entreprise.

Vous trouverez ci-dessous des exemples de programmes d'accompagnement disponibles en Espagne pour les entrepreneurs français :

- La Chambre de Commerce Franco-Espagnole : Le CCI France Espagne – Barcelone et le CCI France Espagne – Madrid sont des organismes qui proposent des services et un accompagnement aux entrepreneurs français. Ils fournissent des **informations sur le marché espagnol**, des **conseils juridiques**, des **événements de réseautage** et bien plus encore. Ce sont des **lieux privilégiés** pour rencontrer d'autres entrepreneurs français et tisser des liens professionnels. Des délégations existent également dans les villes suivantes : Bilbao, Malaga, Saragosse, Séville, Valladolid, Valence, les îles Canaries et les Baléares.

- Les cabinets de conseil spécialisés : Les activités de ces cabinets visent à accompagner les entrepreneurs français qui souhaitent s'implanter en Espagne. Ces professionnels fournissent des **services de conseil sur mesure**, notamment dans les domaines de la **fiscalité**, de la **réglementation**, du **développement des affaires** et de la **gestion des ressources humaines**. Ils aident les entrepreneurs français à naviguer dans le monde entrepreneurial espagnol et à s'adapter aux particularités du marché local. Exemple : le cabinet franco-espagnol Delaguía & Luzón.

De plus, vous pouvez retrouver un **large éventail d'avocats francophones** basés en Espagne : https://es.ambafrance.org/Liste-d-avocats-francophones.

- Les réseaux d'entrepreneurs français en Espagne : Il existe aussi des réseaux d'entrepreneurs français en Espagne offrant des opportunités de **réseautage**, d'**échange d'expériences** et de bonnes pratiques. Ces réseaux permettent aux entrepreneurs français de créer des liens avec des entrepreneurs de divers domaines. Des rencontres et des événements sont souvent programmés dans le but de favoriser les collaborations et les synergies professionnelles. Exemple : Réseau Entreprendre.

- **Les agences de développement économique** : Ces agences espagnoles sont chargées de promouvoir l'internationalisation. Elles proposent régulièrement des **programmes de mentorat** aux entrepreneurs étrangers, y compris les Français, qui souhaitent investir en Espagne ou établir une présence commerciale dans le pays. Ces programmes comprennent généralement des **informations utiles** sur le marché, des **formations** sur la création d'entreprise en Espagne, des **ateliers** sur les aspects juridiques et fiscaux, ainsi que des **conseils personnalisés** pour créer un plan d'affaires solide. Exemple : l'Agence pour l'Internationalisation de l'Économie Espagnole (ICEX) et Barcelona Activa. De plus, de multiples **évènements** tels que « South Summit », « Forinvest », « Alhambra Venture » sont organisés chaque année sur le territoire espagnol. Les entrepreneurs peuvent présenter leur projet à des investisseurs et à d'autres acteurs importants du monde des affaires.

- **Les incubateurs et accélérateurs d'entreprises** : Il s'agit de structures qui proposent un **soutien intensif** aux entrepreneurs en phase de création d'entreprise. Certaines sont même spécialisées dans l'accompagnement des entrepreneurs français et étrangers. Ces organisations offrent des **formations**, des **conseils spécialisés**, des **rencontres** avec des investisseurs, des **infrastructures administratives** (espace de bureau, fournitures, salle de réunion, service téléphonique etc.), et accordent même parfois un **petit financement de départ**. De ce fait, les incubateurs et accélérateurs d'entreprises sont conçus pour offrir un environnement propice à la croissance et au succès des projets entrepreneuriaux. Quelques exemples d'incubateurs : Tetuan Valley, CEIN, Ágora Next, Demium. Et d'accélérateurs : Lanzadera, Impúlsame, BerriUp, Seedrocket.

- **Les associations** : Elles peuvent également être un **soutien de taille** pour les entrepreneurs étrangers qui souhaitent ouvrir leur entreprise en Espagne. À titre d'exemple, la Peña Business Club (LPBC) est une association de la péninsule ibérique fondée par un entrepreneur français. De nombreux événements sont mis en place afin de créer des moments privilégiés entre les membres et leur permettre de **partager** leurs idées et des problématiques d'entrepreneurs. Cette association regroupe divers secteurs d'activité et est présente dans les villes espagnoles de Barcelone, Madrid, Majorque ainsi que dans le reste de l'Europe.

Nous vous recommandons de **contacter les organismes** mentionnés ci-dessus ainsi que l'**Ambassade de France en Espagne**, pour obtenir plus d'informations sur les programmes d'accompagnement disponibles et leurs caractéristiques.

D) Les 10 points essentiels à retenir pour entreprendre en Espagne

1. Pour ouvrir une entreprise en Espagne il est essentiel d'**être résident espagnol** ou de **nommer un représentant légal** résidant en Espagne.

2. Le numéro d'identification d'étranger (NIE) et le numéro d'identification fiscale (NIF) sont **complétement différents**.

3. La « *Sociedad Limitada* » (SL) et la « *Sociedad Anónima* » (SA) sont les **deux formes juridiques les plus courantes** en Espagne.

4. Il ne faut **pas confondre** la notion d'*autónomo* avec l'entreprise individuelle.

5. La création d'une entreprise en Espagne est un processus **séquentiel** et peut s'étaler entre **3 à 6 mois** en moyenne.

6. Faire appel à un **expert** pour gérer la création de la société peut être la solution idéale.

7. Les démarches pour devenir travailleur indépendant sont relativement **simples et rapides**.

8. L'**impôt sur les sociétés** et l'**impôt sur la valeur ajoutée** sont les deux grands impôts qu'un citoyen français doit considérer quand il envisage d'ouvrir une société en Espagne.

9. Un *autónomo* peut être soumis à **l'IRPF** s'il est résident fiscal espagnol ou à **l'IRNR** s'il est non-résident mais qu'il génère des revenus en Espagne.

10. L'autofinancement et le prêt bancaire ne sont **pas les seuls moyens** de financement disponibles pour les entrepreneurs en phase de création.

V. Investir en Espagne

A) Les principales raisons d'investir en Espagne — 126

B) Les actifs financiers, une nouvelle opportunité d'investissement en Espagne pour les étrangers — 128

C) L'immobilier, le choix privilégié par les investisseurs étrangers — 129
  1. Les différentes possibilités d'investissement immobilier — 129
  2. La diversité de l'immobilier selon les régions — 131
  3. Les démarches nécessaires pour investir dans l'immobilier en Espagne — 136
  4. La fiscalité immobilière — 144

D) Les 10 points essentiels à retenir pour investir en Espagne — 149

Investir en Espagne peut être une **décision judicieuse** pour les expatriés de l'Union européenne, y compris les ressortissants français, à la recherche de nouvelles opportunités sur le marché immobilier, commercial et financier. L'Espagne offre un **environnement attrayant** pour les investisseurs étrangers en raison de sa position stratégique en tant que porte d'entrée vers l'Europe et l'Amérique latine. Que vous cherchiez à acheter une résidence secondaire ou à diversifier votre portefeuille d'investissement, l'Espagne présente de **nombreux avantages** à considérer. Cependant, pour maximiser vos chances de réussite en matière de placement, il est important d'être bien préparé, d'effectuer des recherches approfondies et de vous entourer des bonnes personnes.

A) Les principales raisons d'investir en Espagne

Depuis plusieurs années, l'Espagne est considérée comme un pays propice aux investissements. Découvrez les **multiples raisons** qui font de ce territoire une destination si attrayante pour les investisseurs du monde entier.

L'Espagne, étant membre de l'Union européenne, bénéficie d'un cadre politique stable et d'une politique économique cohérente. Cette stabilité économique est un facteur intéressant pour les investisseurs français à la recherche d'opportunités. De plus, l'économie espagnole s'est fortement développée ces dernières années, offrant des perspectives de croissance considérables.

L'Espagne détient une économie diversifiée qui accueille de grandes entreprises internationales cotées en bourse sur son territoire.

Le pays dispose également d'un marché immobilier dynamique, l'un des plus importants d'Europe. Au total, **587 000** logements ont été vendus en Espagne en 2023. Selon les notaires, il s'agit du deuxième montant le plus élevé sur le territoire depuis 15 ans (720 000 en 2022).

Le marché immobilier espagnol offre d'excellentes opportunités dans divers secteurs tels que l'achat d'une résidence secondaire, l'investissement locatif et l'acquisition de biens commerciaux.

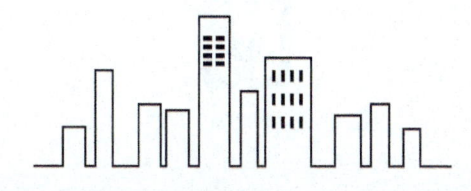

Les prix de l'immobilier en Espagne sont **compétitifs** par rapport à certaines régions de France ou à d'autres pays européens, ce qui en fait une destination populaire pour de nombreux investisseurs.

L'Espagne est **l'une des destinations de voyage les plus populaires** au monde, attirant des millions de touristes chaque année. Investir dans l'immobilier touristique offre de grandes opportunités financières notamment concernant les locations saisonnières, les villas et les complexes hôteliers.

L'immobilier espagnol offre un potentiel intéressant de **plus-values à moyen et long terme**.

Investir dans l'immobilier espagnol permet aux investisseurs français de diversifier leur portefeuille d'investissement. L'immobilier étant souvent considéré comme une **classe d'actifs tangibles et stables**, il offre un **revenu potentiel** et une **protection contre l'inflation**. L'achat de biens immobiliers en Espagne permet de répartir les risques et d'équilibrer le portefeuille.

L'Espagne propose aussi certains **avantages fiscaux** aux investisseurs tels que des régimes fiscaux spéciaux, des incitations fiscales dans certains domaines et des conventions de double imposition avec de nombreux pays.

Au-delà de l'aspect financier, c'est aussi un **pays coup de cœur** pour beaucoup de Français. Un grand nombre d'entre eux décident d'y passer leur retraite ou de transformer leur placement en une résidence secondaire.

Investir dans l'immobilier espagnol offre aux investisseurs la possibilité d'utiliser leur bien comme **résidence pour les vacances** et de ce fait, profiter des nombreux loisirs présents dans le pays.

L'ensemble de ces raisons font de l'Espagne un choix privilégié pour les investisseurs étrangers à la recherche de nouvelles opportunités et d'une croissance économique solide.

B) Les actifs financiers, une nouvelle opportunité d'investissement en Espagne pour les étrangers

Avec sa qualité de vie enviable, son dynamisme économique et ses perspectives de croissance, l'Espagne attire chaque année de plus en plus d'investisseurs à la recherche de **rendements élevés** et de **diversification patrimoniale**. Aujourd'hui, le pays est même devenu un lieu d'investissement sûr pour de nombreux étrangers. Ainsi, les ressortissants français à la recherche d'opportunités bénéficient d'un large éventail d'opportunités financières en Espagne. En effet, le pays offre de nombreuses options alléchantes tant du côté des **actifs financiers** que de l'**immobilier**.

Les actifs financiers offrent une nouvelle opportunité d'investissement intéressante pour les étrangers qui souhaitent diversifier leur portefeuille et profiter des avantages de l'économie espagnole. En effet, en investissant dans des actifs financiers espagnols vous aurez la possibilité de participer à la **croissance économique du pays** et d'obtenir des **rendements attractifs**.

Voici quelques **options** courantes d'investissement financier en Espagne :

- Les actions et obligations espagnoles : En tant qu'investisseur français, vous pouvez acheter des actions et des obligations de sociétés espagnoles cotées en bourse. Pour cela, vous avez le choix entre investir dans des **entreprises spécifiques**, choisir des **fonds communs de placement** ou bien des **fonds négociés en bourse** (Exchange Traded Funds – ETF) axés sur le marché espagnol.

- Les fonds d'investissement : Ces fonds sont gérés par des professionnels qui investissent dans une variété d'actifs tels que des actions, des obligations et de l'immobilier. En tant qu'investisseur français intéressé par le marché ibérique, vous pouvez alors choisir des **fonds axés sur l'Espagne** ou des **fonds internationaux avec une exposition sur l'économie espagnole**.

- Les obligations d'État espagnoles : Il s'agit aussi d'une alternative à considérer si vous envisagez d'investir sur le territoire. Ces obligations d'État espagnoles, appelées « *Bonos del Estado* », sont émises par le gouvernement espagnol et offrent un **moyen relativement sûr** d'investir à des **taux d'intérêt fixes**.

- Les dépôts à terme : Les citoyens français peuvent ouvrir des comptes bancaires en Espagne et effectuer des dépôts à terme nommés « *plazos fijos* ». Bien que les taux puissent **fluctuer**, les dépôts représentent une option avantageuse si vous êtes un investisseur à la recherche de **liquidité** mais également de **sécurité**.

Bien que la libre circulation des capitaux dans les États membres de l'UE simplifie grandement les échanges et accorde le droit aux citoyens français d'investir en Espagne sans restriction particulière, il est nécessaire, pour la quasi-totalité des actifs financiers mentionnés, de choisir un intermédiaire financier pour mener à bien votre investissement sur le territoire. En effet, une **banque d'investissement**, une **société de gestion de patrimoine**, un **conseiller financier** ou un **courtier en ligne** sauront vous aiguiller pour effectuer vos transactions et vous prodiguer des conseils personnalisés en fonction de vos objectifs financiers et de votre situation individuelle.

C) L'immobilier, le choix privilégié par les investisseurs étrangers

L'immobilier espagnol est depuis longtemps l'investissement privilégié pour les étrangers à la recherche d'opportunités lucratives et de perspectives de croissance. Que vous soyez citoyen français ou ressortissant d'une autre nationalité, investir dans l'immobilier espagnol offre de **nombreux avantages**.

1. Les différentes possibilités d'investissement immobilier

Un citoyen français qui souhaite investir dans l'immobilier espagnol bénéficie de **diverses possibilités**. Voici les options d'investissement les plus courantes :

- L'investissement locatif : Investir dans des biens immobiliers destinés à la location est une **stratégie très prisée** par de nombreux investisseurs. Les grandes villes d'Espagne telles que Barcelone, Madrid, Valence ainsi que les zones balnéaires de la Costa Del Sol, de la Costa Blanca et de la Costa Brava (et bien d'autres) offrent des **marchés locatifs attractifs** avec un **potentiel de rendement locatif élevé**.

- La résidence secondaire : L'achat d'une résidence secondaire en Espagne est également une **option fréquemment utilisée** par les investisseurs étrangers, notamment les Français. Qu'il s'agisse d'une villa en bord de mer, d'un appartement en ville ou d'une charmante maison de campagne, posséder une résidence secondaire en Espagne est un **atout de taille**. Cela vous permet de **profiter** de votre retraite ou de vos vacances, du climat méditerranéen mais également de **louer** le bien à des tiers durant les périodes inoccupées. De plus, à long terme vous bénéficierez d'une **plus-value importante**.

- **Les logements étudiants** : En raison du grand nombre d'universités et d'écoles supérieures présentes sur le territoire espagnol, l'investissement dans un logement étudiant peut s'avérer être une option judicieuse. **Les étudiants nationaux et internationaux recherchent souvent des logements abordables et bien situés**, ce qui garantit une **demande continue** des petites surfaces et des colocations dans les villes universitaires.

- **Les complexes touristiques** : L'Espagne est l'une des destinations touristiques les plus populaires au monde. Son **tourisme en plein essor** offre aux investisseurs des possibilités de revenus élevés. Avec des millions de visiteurs à la recherche d'un logement chaque été, les installations touristiques telles que les **hôtels**, les **appartements** et les **maisons de vacances** sont d'excellentes opportunités lorsque l'on souhaite investir dans l'immobilier en Espagne.

- **Les biens commerciaux** : L'acquisition d'un bien immobilier à des **fins commerciales** (bureau, local, entrepôt, centre commercial etc.) peut être un choix judicieux pour les investisseurs français en Espagne. Un emplacement stratégique dans des villes animées et des zones industrielles peut être **très rentable**.

- **Le crowdfunding immobilier** : Les plateformes de **financement participatif** représentent une opportunité d'investissement émergente et permettent aux investisseurs de contribuer à des projets immobiliers en cours tels que la **construction** ou la **rénovation** de propriétés, et de recevoir en retour une partie des bénéfices potentiels.

L'Espagne excelle également dans plusieurs secteurs à croissance rapide tels que les **énergies renouvelables**, **l'agriculture**, la **technologie**, les **infrastructures** et **l'industrie**. Ces secteurs offrent des **opportunités d'investissement prometteuses** pour les investisseurs et les entrepreneurs.

Avant de réaliser un tel investissement, il est **primordial de prendre en compte plusieurs critères** comme les conditions de marché, l'emplacement, le potentiel de croissance, les réglementations locales, les aspects fiscaux ainsi que les coûts associés. Pour cela, il est **recommandé de faire appel à un agent immobilier, un avocat spécialisé ou à un conseiller financier** afin d'obtenir des conseils adaptés à votre situation.

2. La diversité de l'immobilier selon les régions

En raison de ses multiples communautés autonomes, l'Espagne est un pays qui profite d'une **grande diversité de propriétés**. En effet, chacune des régions bénéficie de ses **propres caractéristiques** (géographiques, culturelles, économiques) ainsi que de son **style architectural**. Cela offre un **large éventail de choix** pour les investisseurs immobiliers issus du monde entier.

Pour vous aiguiller dans votre choix, vous trouverez ci-dessous un **aperçu** de la diversité immobilière ainsi que les chiffres clés concernant les principales régions d'Espagne :

- La communauté de Madrid : **Madrid**, la capitale, est située au centre de l'Espagne et propose une multitude de propriétés aussi différentes les unes que les autres. La ville offre un mélange de **bâtiments historiques rénovés**, d'**appartements modernes** et de **maisons de ville traditionnelles**. La région de Madrid compte également de nombreux **quartiers d'affaires** au centre ainsi que des **quartiers résidentiels** et de luxe en périphérie.

En avril 2024, le prix moyen du mètre carré s'établit à 5 257 euros dans la capitale espagnole selon Fotocasa. À noter que les prix peuvent même dépasser les **6 500 euros** dans les quartiers les plus centraux et chuter à environ **2 000 euros** en périphérie.

Le taux de rentabilité de Madrid s'élevait à 5,5 % en 2023 selon Fotocasa.

En plus d'être une destination touristique incontestée, la capitale madrilène concentre une forte population étudiante. Ainsi, **les tensions locatives sont très fortes**.

De plus, ces dernières années, l'offre de logements en colocation dans la ville de Madrid a chuté de 59 % selon Maestos. De ce fait, **investir dans de grands appartements à partager peut constituer une activité très prometteuse** pour les investisseurs étrangers.

- **La Catalogne** : Avec **Barcelone** comme ville principale, cette région profite d'un mélange unique d'**architecture historique et moderne**. La région catalane compte également des **appartements citadins**, des **maisons de campagne typiques** ainsi que des **villas de luxe**.

D'après Fotocasa, le prix moyen au mètre carré s'élève à 4 571 euros dans la capitale catalane en avril 2024, avec une rentabilité estimée à 6,9 % en 2023.

De plus, la demande locative à Barcelone est **extrêmement élevée**, avec une population de plus de 1,6 million d'habitants et plus de 5,7 millions dans l'agglomération.

Comme Madrid, Barcelone abrite de nombreuses sociétés multinationales et est à l'origine de 19 % du PIB espagnol selon Maestos. Il s'agit de l'une des métropoles les plus dynamiques d'Europe.

C'est aussi la ville la plus visitée du pays chaque année, dépassant la capitale.

La ville de Barcelone est une ville qui accueille également de nombreux étudiants. Les **appartements individuels** et les **colocations** sont des types de logement très populaires.

- **La communauté valencienne** : Les principales villes de la région telles que **Valence** et **Alicante** offrent un mélange de **modernité** et de **traditions architecturales anciennes**. Des influences mauresques sont présentes avec des *azulejos* (carrelages) colorés et des **motifs géométriques** sur les bâtiments. La communauté située sur la côte Est de l'Espagne propose également des **appartements** et des **maisons de vacances** en bord de mer, des **maisons de campagne** dans l'arrière-pays et des **appartements rénovés** au sein de bâtiments anciens et authentiques du centre-ville.

Derrière Madrid et Barcelone, Valence est considérée comme **la troisième ville d'Espagne**. Le prix du mètre carré est estimé à 2 827 euros d'après Fotocasa en avril 2024. Le taux de rentabilité est de 7,9 % en 2023. Ce chiffre fait d'elle **la région la plus rentable en Espagne**.

Élue comme la **meilleure ville de l'année pour les expatriés**, elle représente une destination prometteuse pour l'investissement.

Les biens immobiliers situés dans la région prennent rapidement de la valeur. Les investisseurs peuvent espérer recevoir une belle plus-value dans quelques années.

La ville peut aussi compter sur une grande partie d'étudiants pour maintenir une **forte demande locative**. Au fil des années, la ville est devenue une destination Erasmus très prisée avec un grand nombre d'étudiants européens qui choisissent la région de Valence pour réaliser leur échange universitaire.

- **L'Andalousie** : Cette région du sud de l'Espagne est célèbre pour ses villes historiques telles que **Séville**, **Grenade** et **Cordoue**. L'**architecture mauresque** domine la région avec des **palais**, des **cours** et des **maisons blanchies à la chaux**. Il y a aussi des **villas méditerranéennes**, des **maisons de campagne** (*fincas*) et des **fermes traditionnelles** avec des terres agricoles.

Dans cette région espagnole, les prix moyens sont plus abordables que dans les trois grandes villes mentionnées précédemment. Selon Fotocasa, le prix moyen au mètre carré est de 2 300 euros à Séville, 2 465 euros à Grenada, 1 483 euros à Cordoue en avril 2024.

Pour autant, les opportunités ne manquent pas et les investissements sont encourageants avec un taux de rentabilité de 6,1 % en 2023, supérieur au taux parisien qui se stabilise autour des 3 %.

- **Le Pays basque** : Située au nord de l'Espagne, cette région est connue pour ses traditions architecturales ainsi que sa **forte identité culturelle**. Les principales villes (**Bilbao**, **Vitoria-Gasteiz** et **Saint-Sébastien**) se caractérisent par un mélange d'**architecture basque traditionnelle** et de **bâtiments modernes**. Un large éventail de logements est disponible, passant d'**appartements de centre-ville** aux **maisons de campagne traditionnelles** dans des zones plus reculées.

Les villes du Pays basque détiennent des prix au mètre carré très différents. À titre d'illustration, le prix du mètre carré s'élève à 3 290 euros à Bilbao, 2 835 euros à Vitoria-Gasteiz et 6 272 euros à Saint-Sébastien, avec une rentabilité moyenne de la région de 6 % selon Fotocasa.

⚠️ Veuillez noter que **cette liste n'est pas exhaustive**. Il existe de nombreuses autres régions en Espagne qui offrent leur propre diversité immobilière.

En tant qu'investisseur il est important de savoir que les prix au mètre carré en Espagne s'avèrent être **globalement moins chers et plus attractifs** qu'en France. Selon Idealista (premier portail immobilier d'Europe du Sud), le prix moyen en Espagne en avril 2024 est de 2 098 €/m2. À titre de comparaison, le site français Seloger.com affiche un prix moyen de 3 101 €/m2 en France en avril 2024.

> Le marché de la location en Espagne est également en excellente santé avec une moyenne historique de 13 €/m2 en avril 2024.

Par ailleurs, d'après l'étude de Fotocasa « La rentabilité du logement en Espagne en 2023 » basée sur l'analyse des prix des logements à la vente et à la location en décembre 2023, **la rentabilité annuelle du logement en Espagne s'élève à 6,4 % en 2023**. Ce qui représente 0,2 point de plus qu'il y a six ans (6,2 % en 2017) et 1,8 point de plus qu'il y a onze ans (4,6 % en 2012).

Sept des communautés profitent d'une **rentabilité égale ou supérieure à la moyenne espagnole** (6,4 %) en 2023 : la Communauté valencienne (7,9 %), la région de Murcie (7,4 %), Cantabrie (7,3 %), Castille-et-León (7 %), Catalogne (6,9 %), Asturies (6,8 %) et Navarre (6,4 %).

Alors que les communautés d'Aragon (6,3 %), d'Extrémadure (6,3 %), des Canaries (6,3 %), de Castille-La Manche (6,3 %), d'Andalousie (6,1 %), de Galice (6 %), du Pays basque (6 %), de La Rioja (5,9 %), de Madrid (5,5 %) et des Iles Baléares (5,3 %) subissent une **rentabilité inférieure à la moyenne nationale**.

Figure 5 : Carte des taux de rentabilité du logement des communautés autonomes espagnoles en 2023

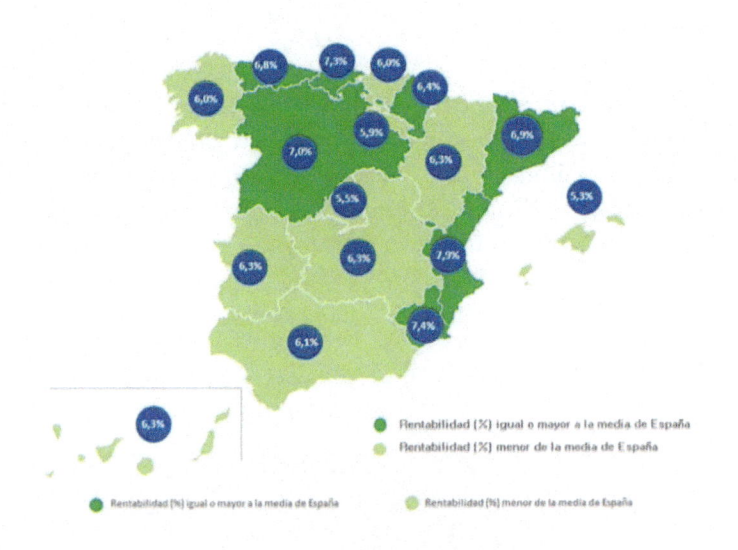

Source : Étude « La rentabilité du logement en Espagne clôture l'année 2023 avec 6,4 % », Fotocasa, 2023.

En bref, l'Espagne est actuellement **l'un des pays européens les plus attractifs pour l'achat immobilier**. D'après Masteos, on estime à **1,2 million** le nombre de logements qui manquent en Espagne pour satisfaire toute la demande. Ainsi, les **prix abordables** de l'immobilier, la **forte demande locative** et l'**excellente rentabilité** sont des indicateurs considérables pour vous lancer sereinement dans votre projet d'investissement sur le territoire espagnol. Nous vous recommandons tout de même de travailler avec un **agent immobilier local** afin de trouver les meilleures opportunités qui correspondent à vos envies et vos objectifs.

3. Les démarches nécessaires pour investir dans l'immobilier en Espagne

Acheter une propriété en Espagne peut s'avérer être un **processus complexe**. En effet, le secteur immobilier espagnol n'est **pas totalement similaire** à celui que nous connaissons en France. Nous n'investissons pas dans le marché immobilier espagnol comme sur le marché immobilier français. Le marché espagnol a des **particularités** qui lui sont propres et qui sont importantes à connaître avant de se lancer. Sinon, vous risquerez de tomber sur **quelques pièges**. Il est donc **primordial** de mener des recherches approfondies, de faire appel à des experts locaux et de prendre en compte chaque détail avant de prendre une décision.

Si vous êtes citoyen français et que vous envisagez d'investir dans l'immobilier en Espagne, voici les **étapes générales à suivre** :

- **La détermination de vos besoins et de vos préférences**

Avant d'entamer quelconque démarche en parcourant l'ensemble des portails en ligne ou en vous rendant dans toutes les agences immobilières du coin, il est primordial de clarifier vos **besoins et vos préférences**.

Même si cela n'est pas toujours évident, vous devez définir les **critères essentiels et secondaires** ainsi que les **points rédhibitoires** pour vous. Tout cela dans le but de ne pas oublier vos standards et regretter plus tard d'avoir été tenté par des annonces attrayantes.

- **L'établissement de votre budget**

Vous devez également tenir compte de votre **budget disponible**. Ainsi, il faut déterminer vos capacités financières et établir un budget consacré à vos placements. Cela vous aidera à trouver des propriétés qui correspondent à vos moyens.

Sur ce point, **plusieurs choses essentielles** sont à garder à l'esprit :

- Bien qu'en France les frais de notaire soient établis clairement, ce n'est pas le cas en Espagne. Les **coûts annexes liés à l'achat d'une propriété sont multiples et varient considérablement** en fonction de la ville, de l'état du bien (neuf ou ancien), du statut de l'acheteur (résident espagnol ou non-résident) et de l'utilisation envisagée (personnelle ou locative).

- En Espagne, il est très important de **ne pas acheter avant d'avoir obtenu les fonds nécessaires**. De l'autre côté des Pyrénées, la fameuse clause française de rétractation pour non-obtention du prêt n'existe pas.

- Les banques nationales prêtent aux résidents espagnols jusqu'à **80 %** de la valeur du bien (hors frais de notaire). Ce taux chute drastiquement pour les non-résidents et peut se situer entre **50 % et 60 %**. Par conséquent, avant d'acheter un appartement dans une grande ville espagnole, il est important de **prévoir un budget assez conséquent**. De plus, il est conseillé d'être vigilant quant aux conditions proposées et de contacter plusieurs banques espagnoles (et même françaises) pour comparer leurs offres.

- En France, l'apport personnel pour un achat immobilier se situe entre 10 et 15 % de la valeur de la transaction. En Espagne, il faudra prévoir beaucoup plus. Comptez plutôt sur un **apport personnel de 40 %** du montant de la transaction. Ainsi, le coût total du projet immobilier sera payé à 40 % par vous et 60 % par la banque si vous avez la chance de contracter un crédit immobilier auprès d'une banque espagnole. À titre d'illustration, **acheter un appartement à 200 000 € nécessite de fournir un apport de 80 000 € pour être financé par une banque espagnole.**

- **L'obtention d'un numéro d'identification d'étranger (NIE)**

En tant qu'investisseur français, vous devez obtenir un **numéro d'identification d'étranger** (NIE). Ce numéro unique et personnel est **obligatoire** pour tous les étrangers qui souhaitent effectuer une transaction immobilière (achat, location ou vente). Autrement dit, il représente votre **sésame**. Sans lui, il n'y a pas de transaction immobilière possible en Espagne. Une fois entre vos mains, vous pourrez ouvrir un compte en banque, signer l'acte de vente, souscrire à des contrats d'électricité, d'eau, de gaz, d'Internet ainsi que réaliser toutes les démarches nécessaires à la vie quotidienne espagnole.

Le NIE est délivré par les autorités espagnoles. Il peut être obtenu auprès de plusieurs organismes : les **commissariats de police**, les **bureaux des étrangers** ou encore les **consulats espagnols** de votre pays d'origine. Pour en savoir plus sur la **demande de NIE**, référez-vous à la page 14 de notre guide d'expatriation.

À savoir qu'aucun document ou visa supplémentaire n'est requis pour les citoyens de l'UE ou de l'EEE. Grâce à la libre circulation, les non-résidents ont tout à fait le droit d'acheter une propriété en Espagne. De plus, l'ensemble des investisseurs ont les mêmes droits que les Espagnols lorsqu'il s'agit d'acheter et de louer une propriété sur le territoire. Il n'y a aucune restriction supplémentaire.

- **La recherche et la sélection d'un bien immobilier**

Une fois que vous avez défini vos critères et votre budget, trouvé le financement idéal et obtenu votre NIE, renseignez-vous sur le marché immobilier espagnol, les régions attractives et les types de biens disponibles. Pour cela, vous pouvez consulter des **sites spécialisés** (Habitaclia.com, Idealista.com, Fotocasa.com, Yaencontre.com Pisos.com, etc.), des **agences immobilières** ou contacter des **experts** dans le domaine. Participer à des **salons immobiliers** peut également vous aider à trouver de bonnes affaires.

Pour trouver le bien idéal, **nous vous recommandons vivement** de faire appel à un professionnel, surtout si vous vivez en dehors de l'Espagne. Selon vos besoins et votre budget, il se chargera de vous chercher les biens qui peuvent correspondre à votre recherche.

Veillez à bien choisir des agents immobiliers inscrits à **l'Ordre officiel des agents immobiliers** (*Colegio Oficial de Agentes de la Propiedad Inmobiliaria*) pour éviter tout problème.

- **Les visites sur place**

Investir dans l'immobilier n'est **pas un choix facile**. Pour les propriétés qui vous intéressent le plus, vous pouvez **organiser une visite** afin de pouvoir évaluer l'état du bien, l'emplacement, les commodités à proximité, etc.

Dans le cas où vous ne pourriez pas vous rendre directement sur place, vous pouvez également réaliser une **visite virtuelle**. Depuis la pandémie de la Covid-19, cette pratique est très fréquente et offre une vision fiable du bien.

Lorsque vous avez déniché la propriété de vos rêves, les étapes suivantes doivent être suivies attentivement.

- **La vérification des documents administratifs et juridiques**

Avant de conclure une transaction immobilière, il est **impératif** de passer en revue tous les documents juridiques. En d'autres termes, il faut s'assurer que la documentation de la propriété que vous souhaitez acquérir **soit conforme** et qu'elle **répond aux exigences espagnoles**.

Pour cela, pensez à demander au propriétaire les **documents suivants** : permis de construire, certificat d'enregistrement de la propriété, licence de première occupation du logement, certificat d'habitation, autorisations administratives, factures (électricité, eau et gaz), dernière fiche d'impôt sur les biens immobiliers et documents prouvant que le logement n'est pas en état locatif.

Vérifiez que le vendeur possède un titre de propriété clair, que les mètres carrés du bien correspondent, que le cadastre est conforme au bien, que tous les permis de construction ont été obtenus mais aussi qu'aucune charge ou dette ne soient rattachées à la propriété.

Contrairement à la France, **le notaire espagnol n'est pas tenu d'effectuer l'ensemble de ces vérifications**. De ce fait, il est **fortement recommandé** de se faire épauler par un avocat spécialisé en droit immobilier pour cette étape.

- **La signature du contrat de réservation**

Une fois que toutes les vérifications ont été effectuées, l'étape suivante consiste à **réserver** le bien en question pour éviter qu'un autre acheteur ne devienne l'acquéreur avant vous.

Pour supprimer ce risque, vous pouvez conclure un « *contrato de reserva* ».

Il s'agit d'un **accord écrit** entre l'acheteur et le vendeur qui fait **acte de réservation** de la propriété et qui **fixe les conditions de la transaction**. La signature de ce document signifie que la propriété ne peut plus être vendue à une autre personne pendant la période définie et que le prix de vente est définitif.

Par conséquent, le contrat doit contenir des **détails essentiels** à la transaction : les coordonnées des deux parties (acheteur et vendeur), le prix de vente convenu, la description précise de la propriété, le montant de l'acompte, les modalités de paiement, les dates limites et les clauses d'annulation éventuelles.

Dans la plupart des cas, cette réservation s'effectue contre une somme d'argent comprise entre **1 000 et 5 000 euros**. Le propriétaire ou l'agence qui gère le bien doit alors arrêter les visites.

⚠️ **Méfiez-vous des arnaques et ne remettez jamais d'argent sans un contrat signé.**

Si l'acheteur décide de finaliser l'achat de la propriété, le montant versé à titre de réservation **sera déduit** du prix total d'achat. Dans le cas où le vendeur se rétracte, le propriétaire ou l'agence doit vous restituer le montant de votre réservation.

Des **conséquences juridiques** peuvent être prévues si l'une des parties ne respecte pas les termes du contrat de réservation : compensation monétaire, résiliation du contrat, etc.

Nous vous recommandons donc de consulter un **professionnel** afin d'obtenir des conseils adaptés à votre situation et de bien comprendre les obligations légales liées à la signature d'un contrat de réservation.

- **La signature du compromis (ou contrat d'arrhes)**

La signature du compromis s'appelle le contrat d'arrhes ou « *contrato de arras* » en espagnol.

Régi par le Code civil espagnol, le contrat d'arrhes offre une **plus grande sécurité juridique** que le contrat de réservation, qui lui, n'est pas réglementé. Il établit un **engagement réciproque** entre l'acheteur et le vendeur. L'acheteur s'engage à acheter le bien et le vendeur s'engage à le vendre conformément aux termes et conditions énoncés.

Ce document **contient l'ensemble des conditions de vente** convenues entre les deux parties : les coordonnées des deux parties, l'adresse du bien, le prix de vente, l'échéance de la signature définitive devant le notaire, l'adresse du notaire, les éventuelles dettes en cours, le mode de paiement, les frais de notaire et les amendes en cas de désistement.

En règle générale, le montant versé au moment de la signature équivaut à 10 % du prix du bien. Cet acompte nommé « *señal* » est une **preuve d'engagement** de l'acheteur et est souvent non remboursable en cas d'annulation injustifiée. Si la vente aboutit, ce montant **sera déduit** du prix d'achat final.

Il existe **trois types de contrat d'arrhes** :

- Les « *arras penitenciales* » : Il s'agit du contrat **le plus courant**. Si l'acheteur annule l'achat sans raison valable, l'acompte versé est généralement perdu. En revanche, si le vendeur se rétracte, il doit rembourser à l'acheteur le double de l'acompte.

- Les « *arras confirmatorias* » : Ce contrat est **plus contraignant que le précédent**. Si l'une des parties refuse la vente sans motif valable, elle sera tenue de payer des dommages et intérêts. Pour les vendeurs, ce type de contrat offre une meilleure protection puisqu'ils peuvent réclamer des dommages-intérêts si l'acheteur se désiste.

- Les « *arras penales* » : Ce contrat d'arrhes est **le plus restrictif des trois**. Dans ce type de contrat, les conséquences financières sont plus lourdes en cas de non-respect du contrat. Les parties sont donc fortement incitées à honorer leurs promesses.

Veuillez noter que **ce compromis ne peut pas être signé devant un notaire**. Cependant, il sera réclamé le jour de la vente. Ce contrat représente donc un **engagement sérieux et contraignant** tant pour l'acheteur que pour le vendeur. Des **complications** peuvent survenir si les termes du contrat ne sont pas respectés. **Il est donc conseillé de faire appel à un avocat spécialisé en droit immobilier espagnol pour le rédiger et vérifier sa conformité à la loi espagnole.**

- **La signature de l'acte de vente (ou autrement dit « *escritura* »)**

Une fois toutes les conditions du compromis remplies, le contrat de vente peut être signé **en présence d'un notaire espagnol**. Il représente la dernière étape du processus d'achat d'une propriété.

L'acheteur et le vendeur (ou leurs représentants légaux) doivent être **obligatoirement présents** et devront apporter les **documents suivants** :

- Leur pièce d'identité et leur NIE (s'ils sont tous deux étrangers),
- Le compromis de vente signé,
- Le certificat de propriété (*registro de la propiedad*),
- Le certificat de charges (*nota simple informativa*),
- Le certificat de conformité (*certificado de eficiencia energética*).

Lors de la signature de l'acte de vente, l'acheteur doit **payer le reste du prix** convenu avec le vendeur. Cela peut se faire par virement bancaire ou par chèque certifié. Le paiement est généralement effectué devant le notaire ou un représentant bancaire.

Dès l'instant où le contrat de vente est **signé et enregistré**, le notaire vous remettra une copie de l'acte de vente et les clés de la propriété. **Vous êtes officiellement le nouveau propriétaire du bien !**

Par la suite, le notaire procédera à **l'inscription de l'acte au registre foncier** compétent. Cet enregistrement est **indispensable** pour garantir la sécurité juridique de la transaction et établir la propriété officielle de l'acheteur.

- **Le paiement des impôts et la réalisation de la démarche « *empadronamiento* »**

Une fois propriétaire, vous bénéficiez de **30 jours** pour **régler l'ensemble des coûts liés à la transaction** : les **impôts sur les transferts de propriété** (*Impuesto sobre Transmisiones Patrimoniales Onerosas – ITP*), les **frais notariés**, les **frais d'enregistrement**, les **frais d'agence immobilière** etc.

Le montant de l'ITP est appliqué sur les biens de seconde main et varie entre **3 et 11 %** du prix du bien selon la région dans laquelle vous investissez. Il est donc essentiel de s'informer au préalable afin de prévoir les fonds nécessaires.

> À savoir que lorsque vous achetez un bien neuf, vous n'aurez pas à vous acquitter de l'ITP mais deux autres impôts s'appliquent : la taxe sur la valeur ajoutée (TVA en français, IVA en espagnol) et l'impôt sur les actes juridiques documentés (AJD).

Au cours des 30 jours suivants votre acquisition, **vous devez également vous inscrire auprès de la mairie de votre ville pour vous faire recenser**. En Espagne, l'*empadronamiento* fait référence à la procédure d'inscription au registre municipal appelée « ***Padrón Municipal*** ». Il s'agit d'une démarche administrative **gratuite** et **obligatoire** pour tous les résidents d'Espagne, qu'ils soient espagnols ou étrangers.

Lors du rendez-vous, vous devez apporter les **documents officiels** suivants : votre carte d'identité ou votre passeport, votre NIE et l'acte de vente. Pensez également à prévoir une copie de chacun de ces documents.

De plus, vous devrez aussi vous occuper de **souscrire divers contrats** : eau, électricité, gaz, Internet etc.

En bref, il est important de faire appel à un avocat spécialisé en droit immobilier en Espagne ou de contacter une équipe de conseil. Ces professionnels vous conseilleront et vous accompagneront tout au long du processus d'achat d'un bien.

Ici, vous trouverez également une **liste d'avocats francophones** présents sur le territoire espagnol : https://es.ambafrance.org/Liste-d-avocats-francophones

4. La fiscalité immobilière

Posséder une propriété en Espagne implique de respecter certaines **obligations fiscales** telles que l'impôt sur le revenu, l'impôt sur la fortune immobilière, l'impôt foncier, les taxes locales gouvernementales ainsi que les taxes sur les ventes immobilières. Les **règles fiscales espagnoles** peuvent différer considérablement des règles françaises et les **accords bilatéraux** entre les deux pays peuvent constituer un impact significatif sur la situation fiscale des propriétaires français. Par conséquent, afin de maintenir une bonne conformité fiscale et de tirer le meilleur parti de vos actifs, il est important de vous **familiariser** avec la législation fiscale espagnole.

Pour cela, voici les **principaux impôts et taxes** auxquels vous pouvez être confronté en tant que citoyen français propriétaire d'un bien immobilier en Espagne :

- **L'impôt sur le revenu des personnes physiques** (*Impuesto sobre la Renta de las Personas Físicas – IRPF*) : Si vous êtes citoyen français et que vous détenez un bien immobilier en Espagne, vous pouvez être **assujetti** à cet impôt. Plus précisément, **cet impôt concerne les résidents fiscaux espagnols qui louent leur propriété en Espagne**.

Pour rappel, **détenir une propriété en Espagne ne fait pas automatiquement de vous un résident fiscal espagnol**. Votre statut de résidence fiscale est déterminé par un certain nombre de facteurs.

Vous êtes considéré comme **résident fiscal** si :

- Si vous séjournez sur le territoire espagnol pendant **plus de 183 jours** par an. Cette règle s'applique à la **présence physique continue ou même discontinue**.
- Si vous avez des **intérêts économiques significatifs** en Espagne tels que des activités professionnelles, des investissements, ou des **liens familiaux étroits**.

Si ce n'est pas le cas, il y a de fortes chances que vous soyez imposé à l'**IRNR** pour votre location de bien en Espagne.

Dans le cadre de l'IRPF, vous devez **déclarer vos revenus** provenant de la location de votre bien ou tout autre revenu généré en Espagne lors de votre déclaration d'impôt. Ces revenus seront pris en compte dans le calcul de votre impôt sur le revenu en Espagne.

Actuellement, le taux d'imposition se divise en **plusieurs tranches** allant de **19 %** dès le premier euro à **47 %** à partir de 300 000 euros.

Cependant, veuillez noter qu'une **déduction fiscale de 60 %** est possible pour les revenus locatifs provenant de **locations à long terme** en Espagne (contrats de location d'**au moins 12 mois**). Cela permet aux propriétaires de déduire cette partie de leurs revenus sur leur part imposable des revenus locatifs.

En vertu de la convention fiscale entre la France et l'Espagne, il est important de savoir qu'il existe des règles pour **éviter la double imposition**. Ainsi, vous pouvez déduire l'impôt sur le revenu payé en Espagne de votre impôt sur le revenu en France, afin de **ne pas être imposé deux fois** sur les mêmes revenus.

- **L'impôt sur le revenu des non-résidents** (*Impuesto sobre la Renta de No Residentes – IRNR*) : Cet impôt concerne les **personnes physiques qui ne résident pas en Espagne mais qui perçoivent des revenus sur le territoire** (professionnels, locatifs, etc.), qui **vendent** une propriété en Espagne ou tout simplement qui **possèdent** une propriété en Espagne.

Concrètement, en Espagne, que le bien soit loué ou qu'il reste vide, il est imposable.

Si le bien n'est **pas loué** au cours de l'année civile, un loyer fictif correspondant à **2 % de la valeur cadastrale** du bien est calculé. Ce montant retenu sera soumis au taux d'impôt sur le revenu de 19 %.

Si le bien est **loué** durant toute l'année civile, l'impôt de **19 % s'applique tout simplement sur les revenus locatifs nets** (les revenus moins les charges déductibles).

Si le bien n'a été **loué qu'une partie de l'année**, on appliquera également au **prorata le mode de calcul du loyer fictif**.

À savoir que ce taux de 19 % concerne les résidents de l'UE ou de l'EEE. Pour les résidents étrangers, le taux d'IRNR s'élève à 24 %.

Dans le cas où vous vendez votre bien immobilier en Espagne en tant que non-résident et que **la vente a donné lieu à des gains** (c'est-à-dire que la propriété a été vendue plus chère que son prix d'achat), le prix de vente est soumis à une **retenue à la source de 3 %**. Cet impôt fait partie de votre déclaration de revenus des non-résidents.

Quant à la fréquence, l'IRNR fait l'objet d'une **déclaration annuelle** si vous ne louez pas votre bien, ou **trimestrielle** s'il est en location.

Pour réaliser la déclaration, vous devez :

- Détenir un compte bancaire espagnol,
- Vous munir de votre NIE,
- Et remplir le modèle 210.

N'oubliez pas que **l'État espagnol n'envoie pas de déclarations de revenus**. De ce fait, que ce soit pour l'IRPF ou l'IRNR, l'idéal est de créer un pense-bête pour ne pas oublier de déclarer vos revenus à temps.

- **L'impôt sur le patrimoine** (*Impuesto sobre el Patrimonio*) : Il s'agit d'un impôt annuel **destiné aux plus grandes fortunes immobilières** du pays. Cet impôt concerne la détention de biens immobiliers et autres actifs (véhicules, comptes bancaires, investissements financiers etc.) en Espagne, y compris pour les citoyens français, d'une valeur supérieure à 700 000 euros.

Ce montant d'impôt dépend de la valeur totale de votre patrimoine en Espagne, sous réserve de l'application de certaines déductions et exonérations.

En règle générale, **les résidents espagnols et les non-résidents ayant des actifs en Espagne supérieurs à 2 millions d'euros doivent déposer leur déclaration d'impôt sur le patrimoine le 31 décembre de chaque année**. Si vous atteignez le **plafond d'exonération** fixé pour chaque commune, l'impôt est payable **par échéance**.

Il est important de noter que chaque communauté autonome espagnole peut fixer **son propre seuil d'impôt sur le patrimoine** et son **propre taux d'imposition**. Par conséquent, les règles fiscales peuvent différer selon l'endroit où vous possédez votre bien en Espagne.

Au niveau de l'État, ce dernier a instauré une **exonération de 300 000 euros applicable à la résidence principale**. Par conséquent, seuls les biens dont la valeur **dépasse** ce montant et les biens qui ne sont pas votre résidence principale sont considérés comme des actifs.

Une fois que ces 300 000 euros sont déduits (si la valeur de la maison est inférieure, elle ne doit pas figurer dans votre patrimoine), il existe l'**abattement minimum choisi par chaque région** qui s'applique indépendamment. Bien qu'il soit **généralement de 700 000 euros en Espagne**, la région de la Catalogne a choisi d'établir un seuil de 500 000 euros et l'Aragon de 400 000 euros. D'autres communautés autonomes ont également instauré leur propre seuil.

Concrètement, si vous **dépassez** les deux seuils, cela signifie que vous êtes **assujetti** à l'impôt sur la fortune. Pour vous acquitter de l'impôt, il vous suffit de remplir le formulaire 714.

- **L'impôt sur les biens immobiliers** (*Impuesto sobre Bienes Inmuebles – IBI*) : L'IBI est un impôt **très différent** des autres (notamment de l'impôt sur le revenu et l'impôt sur la fortune). Il s'agit d'un impôt spécifique lié à la propriété immobilière. Cet impôt **s'applique à tous les propriétaires de biens immobiliers** (appartements, maisons, garages ou locaux) en Espagne, qu'ils soient **résidents ou non**, y compris les ressortissants français qui détiennent une propriété en Espagne.

L'IBI est une **taxe foncière locale** prélevée chaque année par les mairies espagnoles sur la **valeur cadastrale** des biens immobiliers. La valeur cadastrale est déterminée par l'administration fiscale locale et est régulièrement révisée. Le montant de l'IBI **dépend donc de la valeur cadastrale du bien et du taux d'imposition fixé par la municipalité** dans laquelle se situe le bien (généralement fixé entre 0,4 % et 1,3 %).

En moyenne, la taxe foncière espagnole est 40 % moins élevée qu'en France.

Le paiement de l'IBI est une obligation fiscale importante. Le non-paiement peut entraîner de **lourdes sanctions**. En tant que citoyen français propriétaire d'un bien immobilier en Espagne, **nous vous recommandons de vous renseigner** auprès de la municipalité où se trouve votre propriété pour connaître les détails spécifiques concernant l'IBI tels que les échéances de paiement et les modalités de calcul du montant à payer.

- **Les taxes locales gouvernementales** (*Tasas del Ayuntamiento*) : Ces taxes sont liées à la propriété immobilière et sont collectées par les collectivités locales pour financer les **services et les infrastructures de proximité** (collecte et traitement des ordures ménagères, traitement des eaux usées, éclairage public etc.). Ces taxes sont **payées annuellement** et **varient** considérablement selon les régions.

À noter qu'en Espagne la taxe d'habitation n'existe pas et que les charges de copropriété sont en moyenne deux à trois fois moins élevées qu'en France.

De plus, certaines communautés espagnoles ont adopté la **quasi-suppression de l'impôt sur la succession**. Ce qui constitue un avantage considérable lorsque l'on investit dans une de ces régions.

En conclusion, la fiscalité en Espagne pour les citoyens français qui possèdent un bien immobilier sur le territoire peut être **complexe** et **dépend de multiples facteurs**.

Il est donc **fortement conseillé de se faire accompagner par un professionnel** tel qu'un avocat spécialisé en droit immobilier, un conseiller financier ou un expert-comptable spécialisé dans les problématiques fiscales transfrontalières entre la France et l'Espagne. L'expert pourra vous aider à naviguer entre les règles fiscales complexes, à optimiser votre situation et à garantir que toutes vos obligations fiscales soient respectées dans les deux pays.

Vous trouverez ici une **liste des professionnels francophones** basés en Espagne et spécialisés en conseils fiscaux et en gestion patrimoniale :
https://es.ambafrance.org/Fiscalite-liste-de-professionnels-en-conseils-fiscaux-et-en-matiere-de-gestion.

D) Les 10 points essentiels à retenir pour investir en Espagne

1 Vous devez obtenir un **NIE** pour investir, acheter ou louer un logement.

2 En France, nous nous exprimons en **surface habitable** (loi Carrez), en Espagne nous parlons plutôt de « **surface construite** ».

3 En tant que non-résident espagnol, il faut prévoir un apport de **40 à 50 %** pour réaliser un investissement immobilier sur le territoire.

4 Lorsque vous achetez un bien de **seconde main** en Espagne, vous êtes tenus de payer **l'impôt sur le transfert de propriété** (ITP). Si vous investissez dans un bien **neuf**, vous devez payer la **taxe sur la valeur ajoutée** (IVA) et **l'impôt sur les actes juridiques documentés** (AJD).

5 L'*empadronamiento* est une **démarche obligatoire** lorsque vous êtes propriétaire d'un bien en Espagne.

6 L'IBI est la taxe foncière qui s'applique à **tous les propriétaires** de biens immobiliers en Espagne.

7 Les revenus locatifs sont imposables à **l'IRPF** pour les résidents fiscaux espagnols et à **l'IRNR** pour les non-résidents espagnols.

8 La taxe d'habitation **n'existe pas** en Espagne.

9 Il existe une **convention fiscale** entre la France et l'Espagne pour **éviter la double imposition**.

10 Il est fortement recommandé de faire appel à un **expert** ou un **avocat spécialisé** lors de votre investissement.

CONCLUSION

En somme, ce guide d'expatriation est un ouvrage complet rassemblant l'ensemble des choses à savoir pour s'installer efficacement en Espagne. À présent, l'abondance des formalités administratives ainsi que leur complexité n'est plus un secret pour vous. Grâce à ce guide, vous connaissez absolument tout et êtes prêts à affronter l'administratif espagnol.

Ce support regroupe toutes les informations essentielles (caractéristiques, concepts clés, démarches administratives etc.). Il représente une source concise et fiable dans le but de répondre à l'ensemble de vos questions et besoins en tant qu'expatrié.

En abordant un large éventail de sujets, allant de la vie quotidienne en Espagne à des domaines plus spécifiques, le but était de vous guider à chaque étape de votre parcours. Que vous soyez un particulier, un étudiant, un professionnel ou un entrepreneur, vous avez désormais toutes les clés en main pour mener à bien votre projet.

Parcourir ce guide vous a permis de vous apercevoir que l'Espagne regorge d'opportunités intéressantes en termes de qualité de vie, d'éducation, d'emploi, d'entrepreneuriat ou d'investissement. Nous espérons que ce guide vous a conforté dans votre choix d'expatriation dans le pays de Cervantes.

Toutefois, il demeure important de garder à l'esprit que chaque situation est unique. Par conséquent, il est toujours judicieux de réaliser aussi vos propres recherches et de vous référer aux sources officielles mentionnées afin d'obtenir les informations actualisées et surtout adaptées à votre cas.

Pour des renseignements plus précis au niveau administratif, juridique, fiscal ou liés à l'investissement, nous vous encourageons à consulter un professionnel. Celui-ci pourra vous apporter son expertise dans le domaine en vous offrant un accompagnement personnalisé.

Enfin, n'oubliez pas de partir sereinement et profiter pleinement de ce que ce merveilleux pays a à vous offrir. Déménager en Espagne sera l'une des meilleures décisions de votre vie. Désormais, vous n'avez plus aucune excuse, vous êtes parés à vivre l'expérience.

Bonne chance !

ANNEXES

Annexe 1.1 : Formulaire EX-15 pour demande de numéro d'identité d'étranger (NIE) et de certificats (LO 4/2000 et RD 557/2011).

Source : Siège électronique de la Police Nationale, ministère de l'Intérieur, 2023

Annexe 1.2 : Suite du formulaire EX-15 pour demande de numéro d'identité d'étranger (NIE) et de certificats (LO 4/2000 et RD 557/2011).

Nombre y apellidos del titular..

4) DATOS RELATIVOS A LA SOLICITUD [7]

4.1. TIPO DE DOCUMENTO (art. 206)
○ NÚMERO DE IDENTIDAD DE EXTRANJERO (NIE) ○ CERTIFICADO
　　　　　　　　　　　　　　　　　　　　　　　　　　 ○ De residente
　　　　　　　　　　　　　　　　　　　　　　　　　　 ○ De no residente

4.2. MOTIVOS
○ Por intereses económicos　　○ Por intereses profesionales　　○ Por intereses sociales
(Especificar) ....

4.3. LUGAR DE PRESENTACIÓN
○ Oficina de Extranjería　　○ Comisaría de Policía　　○ Oficina Consular

4.4. SITUACIÓN EN ESPAÑA [8]
○ Estancia　　○ Residencia

☐ NO CONSIENTO la consulta sobre mis datos y documentos que se hallen en poder de la Administración (en este caso, deberán aportarse los documentos correspondientes) [9]

.................................., a .... de .... de ....

FIRMA DEL SOLICITANTE (o representante legal, en su caso)

DIRIGIDA A ....Código DIR3................... PROVINCIA ....EX - 15

Source : Siège électronique de la Police Nationale, ministère de l'Intérieur, 2023

Annexe 1.3 : Suite du formulaire EX-15 pour demande de numéro d'identité d'étranger (NIE) et de certificats (LO 4/2000 et RD 557/2011).

Nombre y apellidos del titular..

ANEXO I. Documentos sobre los que se autoriza su comprobación o consulta

	DOCUMENTO	ÓRGANO	ADMINISTRACIÓN	FECHA DE PRESENTACIÓN
1				
2				
3				
4				
5				
6				
7				
8				
9				
10				

ANEXO II. Documentos para los que se deniega el consentimiento para consulta

1	
2	
3	
4	
5	
6	
7	
8	
9	
10	

EX - 15

Source : Siège électronique de la Police Nationale, ministère de l'Intérieur, 2023

Annexe 1.4 : Instructions pour compléter le formulaire EX-15 pour demande de numéro d'identité d'étranger (NIE) et de certificats (LO 4/2000 et RD 557/2011).

INSTRUCCIONES DE CUMPLIMENTACIÓN

RELLENAR EN MAYÚSCULAS CON BOLÍGRAFO NEGRO Y LETRA DE IMPRENTA O A MÁQUINA
SE PRESENTARÁ ORIGINAL Y COPIA DE ESTE IMPRESO

(1) Marque el cuadro que proceda. Hombre / Mujer
(2) Rellenar utilizando 2 dígitos para el día, 2 para el mes y 4 para el año, en este orden (dd/mm/aaaa)
(3) Marque el cuadro que proceda. Soltero / Casado / Viudo / Divorciado / Separado
(4) Indique el título en base al cual se ostenta la representación, por ejemplo: Padre/Madre del menor, Tutor.....
(5) Rellenar sólo en el caso de ser persona distinta del solicitante
(6) Conforme a la DA 4ª del RD 557/2011, están obligados a la notificación electrónica, aunque no hayan dado su consentimiento, las personas jurídicas y los colectivos de personas físicas que, por su capacidad económica o técnica, dedicación profesional u otros motivos acreditados, tengan garantizado el acceso y disponibilidad de los medios tecnológicos precisos. Si usted no está incluido en alguno de los colectivos mencionados, se le notificará por esta vía únicamente si marca la casilla de consentimiento. En ambos casos la notificación consistirá en la puesta a disposición del documento en la sede electrónica del Ministerio de Hacienda y Administraciones Públicas (https://sede.mpt.gob.es).
La notificación se realizará a la persona cuyos datos se indiquen en el apartado "domicilio a efectos de notificaciones" o, en su defecto, al solicitante. Para acceder al contenido del documento **es necesario disponer de certificado electrónico** asociado al DNI/NIE que figure en el apartado "domicilio a efecto de notificaciones".
Es conveniente además que rellene los campos "teléfono móvil" o "e-mail" para tener la posibilidad de enviarle un aviso (meramente informativo) cuando tenga una notificación pendiente.
(7) Marque la opción que corresponda.
(8) Los interesados no están obligados a aportar documentos que hayan sido elaborados por cualquier Administración o que hayan sido ya aportados anteriormente en un procedimiento administrativo. A tal fin, deberá enumerar en el anexo I los documentos en cuestión. Se presumirá que esta consulta es autorizada, salvo que conste su oposición expresa, debiendo cumplimentar el anexo II.

La información específica sobre trámites a realizar y documentación que debe acompañar a este impreso de solicitud para cada uno de los procedimientos contemplados en el mismo, así como la información sobre las tasas que conlleva dicha tramitación (HOJAS INFORMATIVAS), se encuentra disponible en cualquiera de las siguientes direcciones Web:
http://extranjeros.empleo.gob.es/es/
http://extranjeros.empleo.gob.es/es/InformacionInteres/InformacionProcedimientos/

Según el art. 5.1 L. O. 15/1999, se informa que los datos que suministren los interesados necesarios para resolver su petición se incorporarán a un fichero cuyos destinatarios serán los órganos de la Administración General del Estado con competencias en extranjería, siendo responsables del mismo la Dirección General de Migraciones, la Dirección General de la Policía y las Delegaciones o Subdelegaciones del Gobierno. El interesado podrá ejercitar su derecho de acceso, rectificación, cancelación y oposición ante los organismos mencionados

Los modelos oficiales podrán ser reproducidos por cualquier medio de impresión.
Estarán disponibles, además de en las Unidades encargadas de su gestión, en la página de información de Internet del Ministerio de Empleo y Seguridad Social
http://extranjeros.empleo.gob.es/es/

IMPRESO GRATUITO. PROHIBIDA SU VENTA

EX - 15

Source : Siège électronique de la Police Nationale, ministère de l'Intérieur, 2023

Annexe 2 : Liste de reconnaissance entre les disciplines du baccalauréat français et les disciplines des Épreuves de Compétences Spécifiques.

Asignatura de origen	Asignatura de bachillerato	Estudio
Allemand (Langue Vivante)	Alemán	✓
Anglais	Inglés	✓
Arts Plastiques (hasta 2020)	Técnicas de Expresión Gráfico-	✓
Ens. Commun: Philosophie (desde 2021)	Historia de la Filosofía	✓
Français	Francés	✓
Géographie	Geografía	✗
Histoire	Historia de España	✗
Italien	Italiano	✓
Langue et Littérature Françaises Série L (hasta 2020)	Francés	✓
Langue Vivante: Espagnol/Literatura Espagnole	Lengua Castellana y Literatura	✗
Langues et Cultures de la Antiquité: Latin (hasta 2020)	Latín II	✓
Mathématiques (desde 2021)	Matemáticas Aplicadas a las	✗
Mathématiques (desde 2021)	Matemáticas II	✗
Mathématiques Série ES (hasta 2020)	Matemáticas Aplicadas a las	✓
Mathématiques Série S (hasta 2020)	Matemáticas II	✓
Philosophie (hasta 2020)	Historia de la Filosofía	✓
Physique Chimie (hasta 2020)	Física	✓
Physique Chimie (hasta 2020)	Química	✓
Sciences Economiques et Sociales (hasta 2020)	Economía de la Empresa	✗
Spécialité LLCE: Anglais (desde 2021)	Inglés	✓
Spécialité SES: Sciences Economiques et Sociales (desde 2021)	Economía de la Empresa	✓
Spécialité SVT: Science e la Vie et de la Terre: Biologie (desde 2021)	Biología	✗
Spécialité: Physique Chimie (desde 2021)	Física	✓
Spécialité: Physique Chimie (desde 2021)	Química	✓
Spécialité: Sciences de l¿ingénieur (desde 2021)	Física	✓
Svt. Science de la Vie et de la Terre: Biologie (hasta 2020)	Biología	✓

Source : Étudier en Espagne - Liste de reconnaissance entre les disciplines du baccalauréat français et les disciplines des Épreuves de Compétences Spécifiques, Gouvernement d'Espagne, ministère des Universités, 2022

Annexe 3.1 : Formulaire EX-18 pour une demande d'inscription au Registre central des étrangers - Résidence des citoyens de l'UE (Décret royal 240/2007).

EX-18

Solicitud de inscripción en el Registro Central de Extranjeros_Residencia ciudadano de la UE (Real Decreto 240/2007)

GOBIERNO DE ESPAÑA

Espacios para sellos de registro

1) DATOS DEL SOLICITANTE

PASAPORTE _____ N.I.E. _____-_____-_

1er Apellido _____ 2º Apellido _____

Nombre _____ Sexo[1] H ○ M ○

Fecha de nacimiento[2] _____ Lugar _____ País _____

Nacionalidad _____ Estado civil[3] S ○ C ○ V ○ D ○ Sp ○

Nombre del padre _____ Nombre de la madre _____

Domicilio en España _____ Nº ___ Piso ___

Localidad _____ C.P. ___ Provincia _____

Teléfono móvil _____ E-mail _____

Representante legal, en su caso _____ DNI/NIE/PAS ___ Título[4] ___

2) DATOS DEL REPRESENTANTE A EFECTOS DE PRESENTACIÓN DE LA SOLICITUD[5]

Nombre/Razón Social _____ DNI/NIE/PAS ___

Domicilio en España _____ Nº ___ Piso ___

Localidad _____ C.P. ___ Provincia _____

Teléfono móvil _____ E-mail _____

Representante legal, en su caso _____ DNI/NIE/PAS ___ Título[4] ___

3) DOMICILIO A EFECTOS DE NOTIFICACIONES

Nombre/Razón Social _____ DNI/NIE/PAS ___

Domicilio en España _____ Nº ___ Piso ___

Localidad _____ C.P. ___ Provincia _____

Teléfono móvil _____ E-mail _____

☐ CONSIENTO que las comunicaciones y notificaciones se realicen por medios electrónicos [6]

Source : Siège électronique de la Police Nationale, ministère de l'Intérieur, 2023

Annexe 3.2 : Suite du formulaire EX-18 pour une demande d'inscription au Registre central des étrangers - Résidence des citoyens de l'UE (Décret royal 240/2007).

Nombre y apellidos del titular..

4) SITUACIÓN EN ESPAÑA(7)

PERÍODO PREVISTO DE RESIDENCIA EN ESPAÑA .... FECHA DE INICIO DE LA RESIDENCIA EN ESPAÑA(2)..................

Nº DE FAMILIARES QUE ACOMPAÑAN O SE REÚNEN CON EL SOLICITANTE EN ESPAÑA ....

RESIDENCIA TEMPORAL
- ○ Trabajador por cuenta ajena
- ○ Trabajador por cuenta propia
- ○ No activo con recursos suficientes y seguro de enfermedad
- ○ Estudiante con recursos suficientes y seguro de enfermedad
- ○ Nacional UE/EEE/Suiza, familiar de otro nacional incluido en los apartados anteriores
  - DNI/NIE/PAS del ciudadano UE/EEE/Suiza que da derecho ....
  - Vínculo con el ciudadano UE/EEE/Suiza que da derecho ....

RESIDENCIA PERMANENTE
- ○ Residencia continuada en España durante 5 años
- ○ Trabajador en edad de jubilación y derecho a pensión con actividad en España durante 12 meses y residencia de 3 años
- ○ Trabajador en edad de jubilación y derecho a pensión con actividad en España durante 12 meses y cónyuge/pareja español
- ○ Trabajador en edad de jubilación y derecho a pensión con actividad en España durante 12 meses y cuyo cónyuge/pareja perdió la nacionalidad española por su matrimonio/inscripción
- ○ Trabajador en jubilación anticipada con actividad en España durante 12 meses y residencia de 3 años
- ○ Trabajador en jubilación anticipada con actividad en España durante 12 meses y cuyo cónyuge/pareja es español
- ○ Trabajador en jubilación anticipada con actividad en España durante 12 meses y cuyo cónyuge/pareja perdió la nacionalidad española por su matrimonio/inscripción
- ○ Trabajador en incapacidad permanente habiendo residido en España durante más de 2 años continuados
- ○ Trabajador en incapacidad permanente consecuencia de accidente de trabajo o enfermedad profesional
- ○ Trabajador en incapacidad permanente con cónyuge/pareja español
- ○ Trabajador en incapacidad permanente y cuyo cónyuge/pareja perdió la nacionalidad española por su matrimonio/inscripción
- ○ Trabajador que después de 3 años consecutivos de actividad y residencia en España desempeña su actividad en otro EM manteniendo la residencia en España
- ○ Otros..(especificar)

MODIFICACIÓN
- ○ De datos personales
- ○ Por cambio de domicilio
- ○ Por cambio de Documento de Identidad/Pasaporte
- ○ Otros..(especificar)

BAJA POR CESE
- ○ Especificar la causa ....

☐ Las personas abajo firmantes declaran responsablemente que cuentan con un seguro de enfermedad que proporciona una cobertura en España durante su período de residencia equivalente a la proporcionada por el Sistema Nacional de Salud.

☐ Las personas abajo firmantes se hacen responsables de la veracidad de los datos consignados y de la documentación que se acompaña. Asimismo, autoriza a comprobar los datos consignados y a tal efecto, solicitar información a las Administraciones competentes.

☐ NO CONSIENTO la consulta sobre mis datos y documentos que se hallen en poder de la Administración (en este caso, deberán aportarse los documentos correspondientes) (8)

...., a .... de .... de ....

FIRMA DEL CIUDADANO DE LA UNIÓN (familiar del solicitante)   FIRMA DEL SOLICITANTE (o representante legal, en su caso)

DIRIGIDA A ....Código DIR3.................. PROVINCIA ....EX - 18

Source : Siège électronique de la Police Nationale, ministère de l'Intérieur, 2023

Annexe 3.3 : Suite du formulaire EX-18 pour une demande d'inscription au Registre central des étrangers - Résidence des citoyens de l'UE (Décret royal 240/2007).

Nombre y apellidos del titular..

ANEXO I. Documentos sobre los que se autoriza su comprobación o consulta

	DOCUMENTO	ÓRGANO	ADMINISTRACIÓN	FECHA DE PRESENTACIÓN
1				
2				
3				
4				
5				
6				
7				
8				
9				
10				

ANEXO II. Documentos para los que se deniega el consentimiento para consulta

1	
2	
3	
4	
5	
6	
7	
8	
9	
10	

EX - 18

Source : Siège électronique de la Police Nationale, ministère de l'Intérieur, 2023

Annexe 3.4 : Instructions de remplissage formulaire EX-18 pour une demande d'inscription au Registre central des étrangers - Résidence des citoyens de l'UE (Décret royal 240/2007).

INSTRUCCIONES DE CUMPLIMENTACIÓN

RELLENAR EN MAYÚSCULAS CON BOLÍGRAFO NEGRO Y LETRA DE IMPRENTA O A MÁQUINA
SE PRESENTARÁ ORIGINAL Y COPIA DE ESTE IMPRESO

(1) Marque el cuadro que proceda. Hombre / Mujer
(2) Rellenar utilizando 2 dígitos para el día, 2 para el mes y 4 para el año, en este orden (dd/mm/aaaa)
(3) Marque el cuadro que proceda. Soltero / Casado / Viudo / Divorciado / Separado
(4) Indique el título en base al cual se ostenta la representación, por ejemplo: Padre/Madre del menor, Tutor.....
(5) Rellenar sólo en el caso de ser persona distinta del solicitante
(6) Conforme a la DA 4ª del RD 557/2011, están obligados a la notificación electrónica, aunque no hayan dado su consentimiento, las personas jurídicas y los colectivos de personas físicas que, por su capacidad económica o técnica, dedicación profesional u otros motivos acreditados, tengan garantizado el acceso y disponibilidad de los medios tecnológicos precisos. Si usted no está incluido en alguno de los colectivos mencionados, se le notificará por esta vía únicamente si marca la casilla de consentimiento. En ambos casos la notificación consistirá en la puesta a disposición del documento en la sede electrónica del Ministerio de Hacienda y Administraciones Públicas (https://sede.mpt.gob.es).
La notificación se realizará a la persona cuyos datos se indiquen en el apartado "domicilio a efectos de notificaciones" o, en su defecto, al solicitante. Para acceder al contenido del documento **es necesario disponer de certificado electrónico** asociado al DNI/NIE que figure en el apartado "domicilio a efecto de notificaciones".
Es conveniente además que rellene los campos "teléfono móvil" o "e-mail" para tener la posibilidad de enviarle un aviso (meramente informativo) cuando tenga una notificación pendiente.
(7) Marque la opción que corresponda.
(8) Los interesados no están obligados a aportar documentos que hayan sido elaborados por cualquier Administración o que hayan sido ya aportados anteriormente en un procedimiento administrativo. A tal fin, deberá enumerar en el anexo I los documentos en cuestión. Se presumirá que esta consulta es autorizada, salvo que conste su oposición expresa, debiendo cumplimentar el anexo II.

La información específica sobre trámites a realizar y documentación que debe acompañar a este impreso de solicitud para cada uno de los procedimientos contemplados en el mismo, así como la información sobre las tasas que conlleva dicha tramitación (HOJAS INFORMATIVAS), se encuentra disponible en cualquiera de las siguientes direcciones Web:
http://extranjeros.empleo.gob.es/es/
http://extranjeros.empleo.gob.es/es/InformacionInteres/InformacionProcedimientos/

Según el art. 5.1 L. O. 15/1999, se informa que los datos que suministren los interesados necesarios para resolver su petición se incorporarán a un fichero cuyos destinatarios serán los órganos de la Administración General del Estado con competencias en extranjería, siendo responsables del mismo la Dirección General de Migraciones, la Dirección General de la Policía y las Delegaciones o Subdelegaciones del Gobierno. El interesado podrá ejercitar su derecho de acceso, rectificación, cancelación y oposición ante los organismos mencionados

Los modelos oficiales podrán ser reproducidos por cualquier medio de impresión.
Estarán disponibles, además de en las Unidades encargadas de su gestión, en la página de información de Internet del Ministerio de Empleo y Seguridad Social
http://extranjeros.empleo.gob.es/es/

IMPRESO GRATUITO. PROHIBIDA SU VENTA

EX - 18

Source : Siège électronique de la Police Nationale, ministère de l'Intérieur, 2023

Annexe 4.1 : Formulaire pour une demande de Visa Schengen

Solicitud de visado Schengen
Demande de visa Schengen

Impreso gratuito/Ce formulaire est gratuit

FOTO
PHOTO

PARTE RESERVADA A LA ADMINISTRACIÓN
PARTIE RÉSERVÉE À L'ADMINISTRATION

1. Apellido(s)/Nom [Nom de famille]:

2. Apellido(s) de nacimiento [(apellido(s) anterior(es)]/Nom de naissance [nom(s) de famille antérieurs(s)]:

Fecha de la solicitud:

3. Nombre(s)/Prénom(s) [nom(s) usuel(s)]:

Número de la solicitud de visado:

4. Fecha de nacimiento (día-mes-año)/ Date de naissance (jour-mois-année):

5. Lugar de nacimiento/ Lieu de naissance:

6. País de nacimiento/Pays de naissance:

7. Nacionalidad actual/ Nationalité actuelle:

Nacionalidad de nacimiento, si difiere de la actual/ Nationalité à la naissance, si différente:

Otras nacionalidades/Autre(s) nationalité(s):

Solicitud presentada en:
□ Embajada/Consulado
□ Proveedor de servicios
□ Intermediario comercial
□ Frontera (nombre)
....
....
□ Otros

8. Sexo/Sexe:
□ Varón/Masculin □ Mujer/Féminin

9. Estado civil/État civil:
□ Soltero-a/Célibataire □ Casado-a/Marié-e □ Unión registrada/Partenariat enregistré □ Separado-a/Séparé-e □ Divorciado-a/Divorcé-e □ Viudo-a/Veuf/veuve □ Otros/Autres (especifíquese/à préciser)

Expediente tramitado por:

10. Persona que ejerce la patria potestad (en caso de menores de edad)/tutor legal (apellidos, nombre, dirección si difiere de la del solicitante, número de teléfono, dirección de correo electrónico y nacionalidad)/ Autorité parentale (pour les mineurs)/tuteur légal (nom, prénom, adresse (si différente de celle du demandeur), numéro de téléphone, adresse électronique et nationalité)::

Documentos presentados:
□ Documento de viaje
□ Medios de subsistencia
□ Invitación
□ Medio de transporte
□ Seguro médico de viaje
□ Otros:

11. Número de documento nacional de identidad, si procede/ Numéro national d'identité, le cas échéant:

Decisión sobre el visado:

12. Tipo de documento de viaje/ Type de document de voyage:
□ Pasaporte ordinario/Passeport ordinaire □ Pasaporte diplomático/Passeport diplomatique □ Pasaporte de servicio/Passeport de service □ Pasaporte oficial/Passeport officiel □ Pasaporte especial/Passeport spécial
□ Otro documento de viaje/Autre document de voyage (especifíquese/à préciser):

□ Denegado
□ Expedido:
□ A
□ C
□ VTL

13. Número del documento de viaje/ Numéro de document de voyage:	14. Fecha de expedición/ Date de délivrance:	15. Válido hasta/ Date d'expiration:	16. Expedido por (país)/ Délivré par (pays):

□ Válido:
desde ....
hasta ....

17. Datos personales del miembro de su familia que es nacional de la UE, del EEE o de la CH, si procede/Données personnelles du membre de la famille qui est ressortissant de l'EU, de l'EEE ou de la Confédération Suisse, le cas échéant:

Número de entradas:
□ Una □ Dos □ múltiples

Apellido(s)/ Nom (nom de famille):	Nombre(s)/ Prénom(s) [Nom(s) usuel(s)]:

Número de días:

Source : Ministère des Affaires étrangères, de l'Union européenne et de la Coopération, España, 2023

Annexe 4.2 : Suite du formulaire pour une demande de Visa Schengen

Fecha de nacimiento (día-mes-año)/ Date de naissance (jour-mois-année):	Nacionalidad/ Nationalité:	Número de documento de viaje o del documento de identidad/ Numéro de document de voyage ou de la carte d'identité:

18. Relación de parentesco con un nacional de la UE, del EEE o de la CH, si procede/Lien de parenté avec le ressortissant de l'UIE, de l'EEE ou de la Confédération Suisse, le cas échéant: :

☐ Cónyuge/Conjoint ☐ Hijo-a/Enfant ☐ Nieto-a/Petit-fils ou petite fille ☐ Ascendiente dependiente/Ascendant à charge ☐ Pareja de hecho registrada/Partenariat enregistré ☐ Otras/Autre:

19. Domicilio postal y dirección de correo electrónico del solicitante/ Adresse du domicile et adresse électronique du demandeur:	Número(s) de teléfono/ Numéro(s) de téléphone::

20. Residente en un país distinto del país de nacionalidad actual/ Résidence dans un pays autre que celui de la nationalité actuelle:

☐ No/Non
☐ Sí/Oui. Permiso de residencia o documento equivalente/ Autorisation de séjour ou équivalent................n°/numéro...........................
válido hasta el/ date d'expiration ....

*21. Profesión actual/ Profession actuelle:

*22. Nombre, dirección y número de teléfono del empleador. Para estudiantes, nombre y dirección del centro de enseñanza/ Nom, adresse et numéro de téléphone de l'employeur. Pour les étudiants, adresse de l'établissement d'enseignement:

23. Motivo(s) del viaje/ Objet(s) du voyage:

☐ Turismo/Tourisme ☐ Negocios/Affaires ☐ Visita a familiares o amigos/Visite à la familloo u à des amis ☐ Cultural/Culture ☐ Deportes/Sports ☐ Visita oficial/Visite officielle ☐ Motivos médicos/Raisons médicales ☐ Estudios/Études ☐ Tránsito aeroportuario/Transit aéroportuaire ☐ Otros/Autre (especifíquese/à préciser):

24. Información adicional sobre el motivo de la estancia/ Informations complémentaires sur l'objet du voyage :

25. Estado miembro de destino principal (y otros Estados miembros de destino, si procede)/État membre de destination principale (et autres États membres de destination, le cas échéant)::	26. Estado miembro de primera entrada/ État membre de première entrée:

27. Número de entradas que solicita/ Numéro d'entrées demandées:

☐ Una/Une entrée ☐ Dos/Deus entrées ☐ Múltiples/Entrées multiples

Fecha prevista de llegada de la primera estancia prevista en el espacio Schengen/ Date d'arrivée prévue pour le premier séjour envisagé dans l'espace Schengen:

Fecha prevista de la salida del espacio Schengen después de la primera estancia prevista/ Date de départ prévue de l'espace Schengen après le premier séjour envisagé:

28. Impresiones dactilares tomadas anteriormente para solicitudes de visado Schengen/ Empreintes digitales relevées précédemment aux fins d'une demande de visa Schengen: ☐ NO/non   ☐ SÍ/oui

Fecha, si se conoce/ Date, si elle est connue.........................N° de visado, si se conoce/ Numéro de la vignette-visa, s'il est connu...........................

29. Permiso de entrada al país de destino final, si ha lugar/Autorisation d'entrée dans le pays de destination finale, le cas échéant::

Expedido por/Délivré par................................Válido desde/Valable du.....................Hasta/au...........

*30. Apellido(s) y nombre (s) de las persona o personas que han emitido la invitación en el Estado o Estados miembros. Si no procede, nombre del hotel u hoteles, dirección del lugar y lugares de alojamiento temporal en el Estado o Estados miembros/ Nom et prénom de la ou des personnes qui invitent dans l'Etat membre ou les Etats membres. À défaut, nom d'un on des hôtels ou lieu(x) d'hébergement temporaire(s) dans l'Etat membre ou les Etats membres:

Source : Ministère des Affaires étrangères, de l'Union européenne et de la Coopération, España, 2023

Annexe 4.3 : Suite du formulaire pour une demande de Visa Schengen

Domicilio postal y dirección de correo electrónico de la persona o personas que han emitido la invitación, del hotel u hoteles o del lugar o lugares de alojamiento temporal/ Adresse et adresse électronique de la ou des personnes qui invitent/de hôtel ou des hôtels/du ou des lieux d'hébergement temporaire	Número(s) de teléfono/ Numéro de téléphone:

*31. Nombre y dirección de la empresa u organización que ha emitido la invitación/ Nom et adresse de l'entreprise/l'organisation hôte:

Apellido(s), nombre (s), dirección, y correo electrónico de la persona de contacto en la empresa u organización/ Nom, prénom, adresse, numéro de téléphone et adresse électronique de la personne de contact dans l'entreprise/l'organisation:	Número(s) de teléfono la empresa u organización/ Numéro de téléphone de l'entreprise/l'organisation:

*32. Los gastos de viaje y subsistencia del solicitante durante su estancia están cubiertos/ Les frais de voyage et de subsistance durant votre séjour sont financés:

☐ por el propio solicitante/ par vous-

Medios de subsistencia/ Moyens de subsistance

☐ Efectivo/Argent liquide
☐ Cheques de viaje/Chèques de voyage
☐ Tarjeta de crédito/Carte de crédit
☐ Alojamiento ya pagado/Hébergement prépayé
☐ Transporte ya pagado/Transport prépayé
☐ Otros (especifíquese)/Autres (à préciser):

☐ por un patrocinador (anfitrión, empresa u organización), especifíquese:
  par un garant (hôte, entreprise, organisation) veuillez préciser:
  ☐ indicado en las casillas 30 o 31
  ☐ otro (especifíquese).............................

Medios de subsistencia/Moyens de subsistance:

☐ Efectivo/Argent liquide
☐ Se facilita alojamiento al solicitante/Hébergement fourni
☐ Todos los gastos de estancia están cubiertos/ Tous les frais sont financés pendant le séjour
☐ Transporte ya pagado/Transport prépayé
☐ Otros (especifíquese)/ Autres (à préciser):

Tengo conocimiento de que la denegación del visado no da lugar al reembolso de la tasa de visado.
Je suis informé(e) que les droits de visa ne sont pas remboursés si le visa est refusé.

Aplicable si se solicita un visado para entradas múltiples/*Applicable en cas de demande de visa à entrées multiples:*

Tengo conocimiento de que necesito un seguro médico de viaje adecuado para mi primera estancia y para cualquier visita posterior al territorio de los Estados miembros.
Je suis informé(e) de la nécessité de disposer d'une assurance maladie en voyage adéquate pour mon premier séjour et lors de voyages ultérieurs sur le territoire del États membres.

Tengo conocimiento de lo siguiente y consiento en ello: la recogida de los datos que se exigen en el presente impreso, la toma de mi fotografía y, si procede, de mis impresiones dactilares, son obligatorias para el examen de la solicitud de visado; y los datos personales que me conciernen y que figuran en el impreso de solicitud de visado, así como mis impresiones dactilares y mi fotografía, se suministrarán a las autoridades competentes de los Estados miembros y serán tratados por dichas autoridades a efectos de la decisión sobre mi solicitud de visado.

En connaissance de cause, j'accepte ce qui suit: aux fins de l'examen de ma demande, il y a lieu de recueillir les données requises dans ce formulaire, de me photographier et, le cas échéant, de prendre mes empreintes digitales. Les données à caractère personnel me concernant qui figurent dans le présent formulaire de demande, ainsi que mes empreintes digitales et ma photo, seront communiquées aux autorités compétentes des État membres et traités par elles, aux fins de la décision relative à ma demande.

Estos datos, así como la decisión que se adopte sobre mi solicitud o una decisión de anulación, revocación o ampliación de un visado expedido, se introducirán y almacenarán en el Sistema de Información de Visados (VIS) durante un período máximo de cinco años, durante el cual estarán a disposición de las autoridades competentes en materia de visados, las autoridades competentes para realizar controles de los visados en las fronteras exteriores y en los Estados miembros y las autoridades de inmigración y asilo en los Estados miembros a efectos de verificar si se cumplen las condiciones para la entrada, estancia y residencia en el territorio de los Estados miembros; identificar a las personas que no cumplen o han dejado de cumplir estas condiciones; examinar una solicitud de asilo y determinar la responsabilidad de tal examen. Bajo determinadas condiciones, los datos también estarán disponibles para las autoridades designadas de los Estados miembros y para Europol, con fines de prevención detección e investigación de delitos de terrorismo y otros delitos graves. La autoridad responsable del tratamiento de los datos en el caso de España será la Oficina Consular en la que ha sido presentada la solicitud de visado.

Source : Ministère des Affaires étrangères, de l'Union européenne et de la Coopération, España, 2023

Annexe 4.4 : Suite du formulaire pour une demande de Visa Schengen

Ces données, ainsi que celles concernant la décision relative à ma demande, ou toute décision d'annulation, d'abrogation ou de prolongation de visa, seront saisies et conservées dans le système d'information sur les visas (VIS) pendant une période maximale de cinq ans durant laquelle elles seront accessibles aux autorités chargées des visas, aux autorités compétentes chargées de contrôler les visas aux frontières extérieures et dans les États membres, aux autorités compétentes en matière d'immigration et d'asile dans les États membres aux fins de la vérification du respect des conditions d'entrée et de séjour réguliers sur le territoire des États membres, de l'identification des personnes qui ne remplissent pas ou plus ces conditions, de l'examen d'une demande d'asile et de la détermination de l'autorité responsable de cet examen. Dans certaines conditions, ces données seront aussi accessibles aux autorités désignées des Etats membres et à Europol aux fins de la prévention et de la détection des infractions terroristes et autres infractions pénales graves, ainsi qu'aux fins des enquêtes en la matière. L'autorité compétente pour le traitement des données en ce qui concerne l'Espagne sera le Bureau Consulaire auprès duquel la demande du visa a été introduite.

Me consta que tengo derecho a exigir, en cualquiera de los Estados miembros, que se me notifiquen los datos que me conciernen que están registrados en el VIS y el Estado miembro que los ha transmitido, y a solicitar que se corrijan aquellos de mis datos personales que sean inexactos y que se supriman los datos relativos a mi persona que hayan sido tratados ilegalmente. Si lo solicito expresamente, la autoridad que examine mi solicitud me informará de la forma en que puedo ejercer mi derecho a comprobar los datos personales que me conciernen y hacer que se modifiquen o supriman, y de las vías de recurso contempladas en el Derecho interno del Estado de que se trate. La autoridad nacional de supervisión [en el caso de España, la Agencia Española de Protección de Datos, con sede en Madrid, calle Jorge Juan, número 6 (C.P.28001) –https://www.aepd.es/es/derechos-y-deberes/conoce-tus-derechos/derechos-schengen] atenderá las reclamaciones en materia de protección de datos personales.

Je suis informe(e) de mon droit d'obtenir auprès de n'importe que État membre la notification des données me concernant qui sont enregistrées dans le VIS ainsi que de l'État membre que les a transmises, et de demander que les données me concernant soient rectifiées si elles sont erronées ou effacées si elles ont été traitées de façon illicite. À ma demande expresse, l'autorité qui a examiné ma demande m'informera de la manière dont je peux exercer mon droit de vérifier les données à caractère personnel me concernant et de les faire rectifier ou supprimer, y compris des voies de recours prévues à cet égard par le droit national de l'Etat membre concerné. L'autorité de contrôle nationale dans le cas de l'Espagne pour le traitement des données est Agencia Española de Protección de Datos, calle Jorge Juan 6, 28001 Madrid –https://www.aepd.es/es/derechos-y-deberes/conoce-tus-derechos/derechos-schengen.

Declaro que a mi leal entender todos los datos por mí presentados son correctos y completos. Tengo conocimiento de que toda declaración falsa podrá ser motivo de denegación de mi solicitud o de anulación del visado concedido y dar lugar a actuaciones judiciales contra mi persona con arreglo a la legislación del Estado Miembro que tramite mi solicitud.

Je déclare qu'à ma connaissance, toutes les indications que j'ai fournies sont correctes et complètes. Je suis informé(e) que toute fausse déclaration entraînera le rejet de ma demande ou l'annulation du visa s'il a déjà été délivré, et peut entraîner des poursuites pénales à mon égard en application du droit de l'État membre que traite la demande.

Me comprometo a abandonar el territorio de los Estados miembros antes de que expire el visado que se me conceda. He sido informado de que la posesión de un visado es únicamente uno de los requisitos de entrada al territorio europeo de los Estados miembros. El mero hecho de que se me haya concedido un visado no significa que tenga derecho a indemnización si incumplo las disposiciones pertinentes del artículo 6, apartado 1, del Reglamento (CE) Nº 399/2016 (Código de fronteras Schengen) y se me deniega por ello la entrada. El cumplimiento de los requisitos de entrada volverá a comprobarse a la entrada en el territorio de los Estados miembros.

Je m'engage à quitter le territoire des États membres avant l'expiration du visa, si celui-ci m'est délivré. J'ai été informé(e) que la possession d'un visa n'est que l'une des conditions de l'entrée sur le territoire européen des États membres. Le simple fait qu'un visa m'ait été accordé n'implique pas que j'aurai droit à une indemnisation si je ne respecte pas les dispositions pertinentes de l'article 6, paragraphe 1, du Règlement (UE) 2016/399 (code frontières Schengen) et que l'entrée m'est par conséquent refusée. Le respect des conditions d'entrée sera vérifié à nouveau au moment de l'entrée sur le territoire européen del États membres.

Lugar y fecha/Lieu et date:	Firma (firma de la persona que ejerce la patria potestad o del tutor legal, su procede)/Signature (signature de l'autorité parentale/du tuteur légal, le cas échéant):

* Los miembros de la familia de un nacional de la UE, del EEE o de la Confederación Suiza no deberán rellenar las casillas nº 21, 22, 30, 31 y 32 (marcadas con *)/ Les membres de la famille de ressortissant de l'UE, de l'EEE ou de la Confédération Suisse ne doivent pas remplir les cases 21, 22, 30, 31 et 32 (assorties d'un *).

*Las casillas número 1 a 3 deberán rellenarse con los datos que figuren en el documento de viaje/ Les données des cases 1 à 3 doivent correspondre à celle figurant sur le document de voyage.

Source : Ministère des Affaires étrangères, de l'Union européenne et de la Coopération, España, 2023

Annexe 5.1 : Instructions pour remplir le formulaire TA.1 pour une demande d'affiliation à la sécurité sociale, d'attribution du numéro de sécurité sociale et de modification des coordonnées.

PROTECCIÓN DE DATOS.- A los efectos previstos en el artículo 5 de la Ley Orgánica 15/1999, de 13 de diciembre (B.O.E. del 14-12-1999), de Protección de Datos de Carácter Personal, se le informa que los datos consignados en el presente modelo serán incorporados al Fichero General de Afiliación, regulado por la Orden de 27-07-1994. Respecto de los citados datos podrá ejercitar los derechos de acceso, rectificación y cancelación, en los términos previstos en la indicada Ley Orgánica 15/1999.

INSTRUCCIONES PARA CUMPLIMENTAR EL MODELO

GENERALES

- El documento deberá cumplimentarse a máquina o con letras mayúsculas, sin enmiendas ni tachaduras.

ESPECÍFICAS

1. DATOS DE IDENTIFICACIÓN DEL SOLICITANTE

1.1- **Apellidos y Nombre:** Se indicarán los apellidos y el nombre completos del solicitante.
1.2- **Sexo:** Indicar H (hombre) o M (mujer).
1.3- **Tipo de Documento Identificativo:** Marque con una "X": Documento Nacional de Identidad -DNI-, Tarjeta de Extranjero o Pasaporte.
1.4- **Número del Documento Identificativo:** Se reflejará el número del documento identificativo, si se trata de Tarjeta de Extranjero se anotará el Número de Identificación de Extranjero (N.I.E.).
1.5- **Número de Seguridad Social:** En el supuesto de tratarse de una solicitud de variación de datos, se anotará el Número de Seguridad Social o número de afiliación del trabajador/a.
1.6- **Grado de discapacidad:** Si el/la solicitante es discapacitado/a, se anotará el grado de discapacidad de conformidad con el certificado de la valoración efectuado por el IMSERSO o por el organismo competente de la Comunidad Autónoma.
1.7- **Apellido de soltera:** Este dato, sólo se cumplimentará en el supuesto de nacionales de los países de la Unión Europea, en los casos que proceda, con excepción de las españolas.
1.8- **Domicilio:**
  Tipo de vía: Se indicará la denominación que a la misma corresponda (calle, plaza, camino, pasaje, etc.)
  Nombre de la vía pública: Se anotará el nombre completo de la misma, sin abreviaturas.
  Municipio/Entidad de ámbito territorial inferior al Municipio: Se consignará la denominación del municipio y, de ser otra entidad inferior al mismo, se indicará su denominación (concejos, pedanías, aldeas, barrios, parroquias, caseríos, etc.), cuando sea necesario para su correcta identificación. Las denominaciones, se escribirán completas y sin abreviaturas.
1.9 **Datos Telemáticos:** La anotación de estos datos supone la aceptación de comunicaciones informativas de la Seguridad Social.

2. DATOS RELATIVOS A LA SOLICITUD

2.1- **Causa de la variación de datos:** En el supuesto de variación de datos, indicar brevemente la causa de la misma, reflejando además dicha variación en el apartado/s correspondiente/s de la solicitud. El resto de los apartados de la solicitud no se cumplimentarán, excepto, los apartados 1.1, 1.3, 1.4 y 1.5.

DOCUMENTACIÓN QUE DEBE APORTAR CON LA SOLICITUD

Documento identificativo: D.N.I., Tarjeta de Extranjero o Pasaporte.
En su caso, certificado acreditativo del grado de discapacidad.

Source : Ambassade de France en Espagne, 2020

Annexe 5.2 : Formulaire TA.1 pour une demande d'affiliation à la sécurité sociale, d'attribution du numéro de sécurité sociale et de modification des coordonnées.

Source : Ambassade de France en Espagne, 2020

Annexe 5.3 : Suite du formulaire TA.1 pour une demande d'affiliation à la sécurité sociale, d'attribution du numéro de sécurité sociale et de modification des coordonnées.

Source : Ambassade de France en Espagne, 2020

Annexe 6 : Liste des branches de la connaissance conformément au décret royal 1393/2007 du 27 octobre 2007 et des domaines spécifiques sur la base du document "Fields of Education and Training -CINE-" aux fins des déclarations d'équivalence des diplômes.

Ramas de conocimiento Real Decreto 1393/2007	Campo específico
Artes y humanidades.	021 Artes.
	022 Humanidades (excepto idiomas).
	023 Idiomas.
Ciencias Sociales y Jurídicas.	001 Programas y certificaciones básicos 002 Alfabetización y aritmética elemental 003 Competencias personales y desarrollo.
	011 Educación.
	031 Ciencias sociales y del comportamiento.
	032 Periodismo e información.
	041 Educación comercial y administración.
	042 Ciencias Jurídicas (títulos no conducentes a la habilitación o acceso a la misma para el ejercicio de abogado y procurador de los tribunales –Anexo I–).
	101 Servicios personales 102 Servicios de higiene y salud ocupacional 103 Servicios de seguridad.
	104 Servicios de transporte.
Ciencias.	051 Ciencias biológicas y afines.
	052 Medio ambiente.
	053 Ciencias físicas, químicas y geológicas.
	054 Matemáticas y estadística.
Ingeniería y Arquitectura.	061 Tecnologías de la información y la comunicación (TIC).
	071 Ingeniería y profesiones afines (títulos no habilitantes para el ejercicio de profesión regulada –Anexo I–).
	072 Industria y producción.
	073 Arquitectura y construcción (títulos no habilitantes para el ejercicio de profesión regulada –Anexo I–).
	081 Agricultura (títulos no habilitantes para el ejercicio de profesión regulada –Anexo I–).
	082 Silvicultura (títulos no habilitantes para el ejercicio de profesión regulada –Anexo I–).
	083 Pesca.
Ciencias de la Salud.	084 Veterinaria (títulos no habilitantes para el ejercicio de profesión regulada –Anexo I–).
	091 Salud (títulos no habilitantes ni que conduzcan al acceso a títulos habilitantes para el ejercicio de profesión regulada –Anexo I–).
	092 Bienestar (títulos no habilitantes para el ejercicio de profesión regulada –Anexo I–).

Source : Journal officiel de l'État « BOE » n° 283, décret royal 967/2014, du 21 novembre, Ministère de l'Éducation, de la Culture et des Sports, 2014

Annexe 7.1 : Extrait de la table de correspondance sur les professions réglementées France/Espagne.

Profession	France	Espagne	Commentaire particulier
Professeur des écoles	Réglementée	Réglementée	
Enseignant dans l'enseignement secondaire	Réglementée	Réglementée	
Enseignant du supérieur	Non réglementée	Réglementée	
Professeur de langues	Non réglementée	Réglementée	
Traducteur/interprète	Non réglementée	Réglementée	
Animateur/éducateur/moniteur sportif	Réglementée	Réglementée	
Avocat	Réglementée	Réglementée	
Orthophoniste	Réglementée	Réglementée	
Infirmière	Réglementée	Réglementée	
Sage-femme	Réglementée	Réglementée	
Aide soignant	Réglementée	Réglementée	
Psychologue	Réglementée	Réglementée	
Psychologue clinicien	Non réglementée	Réglementée	
Kinésithérapeute	Réglementée	Réglementée	
Ostéopathe	Réglementée	Non réglementée	
Psychomotricien	Réglementée	Non réglementée	
Médecin	Réglementée	Réglementée	
Pédicure-podologue	Réglementée	Réglementée	
Vétérinaire	Réglementée	Non réglementée	
Pompier	Réglementée	Non réglementée	
Ambulancier	Réglementée	Non réglementée	
Policier	Non réglementée	Non réglementée	
Ingénieur	Non réglementée	Non réglementée	Réglementée en Espagne pour ingénieur civil, agronome, télécommunications, industriel, naval
Architecte	Réglementée	Réglementée	Non réglementée en France pour architecte d'intérieur
Paysagiste	Réglementée	Non réglementée	
Agent commercial	Non réglementée	Non réglementée	
Expert comptable	Réglementée	Non réglementée	

Source : *Ce qu'il faut savoir pour commencer ses démarches visant à obtenir une équivalence, une homologation ou une reconnaissance de titres universitaires français en Espagne, Ambassade de France en Espagne, 2020*

Annexe 7.2 : Suite de l'extrait de la table de correspondance sur les professions réglementées France/Espagne.

Cuisinier	Non réglementée	Non réglementée	
Serveur	Non réglementée	Non réglementée	
Boulanger-pâtissier	Réglementée	Non réglementée	
Confiseur pâtissier chocolatier	Non réglementée	Non réglementée	
Employé	Non réglementée	Non réglementée	
Assitant social	Réglementée	Réglementée	
Conducteur routier poids lourds	Réglementée	Non réglementée	
Conducteur de taxis	Réglementée	Non réglementée	
Conducteur d'autobus/autocars tourismes	Non réglementée	Non réglementée	

Source : Ce qu'il faut savoir pour commencer ses démarches visant à obtenir une équivalence, une homologation ou une reconnaissance de titres universitaires français en Espagne, Ambassade de France en Espagne, 2020

Printed in Great Britain
by Amazon